POLYGLOTT on tour

Argentinien

Die Autorin
Ute Wendel

Co-Autor/Bearbeiter
Wolfgang Rössig

W0173922

Unser E-Book-Code zur elektronischen Erweiterung des
POLYGLOTT on tour. Das kostenlose E-Book enthält die im
Reiseführer aufgeführten Adressen entlang der Touren,
beispielsweise zu Essen und Trinken, Shoppen, Aktivitäten
und Hotel-Tipps. Links auf einen externen Kartendienst
vereinfachen das Auffinden dieser Adressen.

**Mit großer Faltkarte
& 80 Stickern
für die individuelle Planung**

www.polyglott.de

SYMBOLE ALLGEMEIN

 Besondere Tipps der Autoren

 Besondere Aktivitäten

SEITEN BLICK Spannende Anekdoten zum Reiseziel

 Top-Highlights und Highlights der Destination

52 Top-Touren & Sehenswertes

TOUR-SYMBOLE		**PREIS-SYMBOLE**	
❶ Die POLYGLOTT-Touren		Hotel DZ	Restaurant
6 Stationen einer Tour	€	20 bis 50 USD	bis 10 USD
① Hinweis auf 50 Dinge	€€	50 bis 100 USD	10 bis 25 USD
[A1] Die Koordinate verweist auf	€€€	über 100 USD	über 25 USD
die Platzierung in der Faltkarte			
[a1] Platzierung Rückseite Faltkarte			

Perfekte Planung
Parallel Klappe vorne links aufschlagen

① **Touren-Start**

Top 12 Highlights

 **1** Avenida de Mayo (Buenos Aires) › S. 60

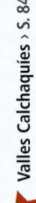 **2** Teatro Colón (Buenos Aires) › S. 63

 **3** Valles Calchaquíes › S. 84

 **4** Quebrada de Humahuaca › S. 88

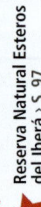 **5** Reserva Natural Esteros del Iberá › S. 97

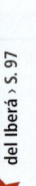 **6** San Ignacio Mini › S. 99

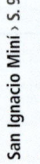 **7** Parque Nacional Cataratas del Iguazú › S. 103

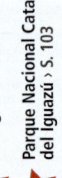 **8** Parque Nacional Talampaya › S. 113

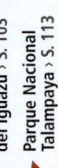 **9** Peninsula Valdés › S. 125

10 Parque Nacional Nahuel Huapi › S. 131

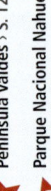 **11** Parque Nacional Los Glaciares › S. 136

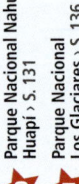 **12** Parque Nacional Tierra del Fuego › S. 145

BRASILIEN

Campo Grande

R. Iguaçu

R. Iguaçu

Eldorado

Posadas

San Ignacio

17 ⭐ 7

Río Grande

Pelotas

Punta del Este

Asunción

Paraguay

7

Colonia

Pellegrini

Livramento

Formosa

⭐ 5
Esteros del Iberá

Mercedes

Paysandú

URUGUAY

Montevideo

Río de la Plata

Mar del Plata

PARAGUAY

R. Pilcomayo

R. Bermejo

Gran Chaco

Resistencia

Corrientes

Salto

Concordia

Paraná

La Plata

Santa Fe

6

Rosario

Buenos Aires
1 2
2 3 **19**
1 **18**

Azul

Bahía Blanca

BOLIVIEN

Solar de Uyuni

Humahuaca
⭐ 4
Der Nordwesten S. 76

Tilcara

S. Salvador de Jujuy

Salta

5

San Miguel de Tucumán

4

Santiago del Estero

Mar Chiquita

Córdoba

8

Santa Rosa

A

R

G

E

N

T

I

N

I

E

N

CHILE

Solar de Atacama

San Antonio de los Cobres

Arizaro
6723

Cachi

⭐ 3
Cafayate

Tafí del Valle

Ojos del Salado
6885

La Rioja

Salinas Grandes

San Luis

S. de Córdoba

R. Colorado

Antofagasta

Llullaillaco
6739

Ce. las Tórtolas
6123

6960

San Juan

9 **10**
Mendoza

San Rafael

R. Cuarto

PAZIFISCHER OZEAN

5323
Maipo

Santiago de Chile

⭐ 8

Talca

R. Colorado

Valparaíso

San Antonio

La Serena

Talcahuano

Concepción

CHILE

Misiones und Mesopotamia S. 91

Die Pampa und Mendoza S. 104

Zeichenerklärung der Karten

☐	beschriebene Region (Seite=Kapitelanfang)
10 E h	Sehenswürdigkeiten
④	Tourenvorschlag
	Autobahn
	Schnellstraße
	Hauptstraße
	sonstige Straßen
	Fußgängerzone
	Eisenbahn
	Staatsgrenze
	Landesgrenze
	Nationalparkgrenze

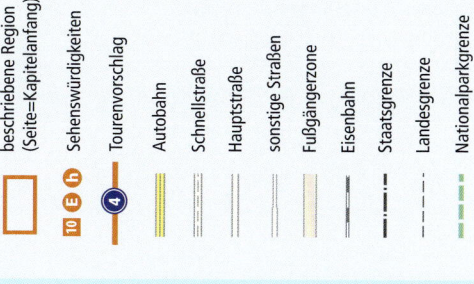

ATLANTISCHER OZEAN

Falkland Islands (GB)
(Islas Malvinas)

500 km

Bahía Blanca

Valdivia

Osorno

Puerto Montt

I. Chiloé

San Carlos de Bariloche

Viedma

Península Valdés

Golfo San Matías

Puerto Madryn

Rawson

Trelew

Golfo San Jorge

Comodoro Rivadavia

Puerto Deseado

Cabo Tres Puntas

Puerto Santa Cruz

Río Gallegos

El Calafate

El Turbio

Punta Arenas

Tierra del Fuego

Ushuaia

Cabo San Diego

Kap Hoorn

CHILE

PAZIFISCHER OZEAN

Patagonien S. 119

Feuerland S. 140

10 **12** **13** **11** **9** **14** **17** **15** **16**

5

Ein Gaucho mit seiner Herde in Nordpatagonien vor dem schneebedeckten Vulkan Lanín

TYPISCH

Argentinien ist eine Reise wert!

Argentinien, nach Brasilien das zweitgrößte Land Südamerikas, ist das Land des Tangos, das Land der Estancias und Gauchos, der Einwanderer vor allem aus Europa, das Land edler Weine, kolonialer Prachtbauten und unermesslicher Naturschönheiten mit Buenos Aires als Hauptstadt.

Die Autorin **Ute Wendel** ist seit einem Argentinienaufenthalt während ihres Tourismusstudiums der Faszination des südamerikanischen Kontinents verfallen und bereist ihn seither mehrmals im Jahr. Mit Wendy-Pampa-Tours als Spezial-Reiseveranstalter organisiert sie seit 1993 individuelle Reisen nach Südamerika. Für ihr Programm »Zum Tangokurs nach Buenos Aires« erhielt sie von GEO die »Goldene Palme«.

Vor 23 Jahren führte mich mein Tourismuspraktikum in die argentinische Pampa. Damals war die Idee mehr als kühn und ausgefallen. Doch bis heute ist trotz Internet und der Tatsache, dass ferne Destinationen näher gerückt sind, eine Reise nach Argentinien etwas Besonderes.

Durch die erste Erkundungstour in Argentinien war meine Neugier auf die vielfältigen Landschaften und die Verschiedenheit ihrer Bewohner geweckt. Inzwischen habe ich alle Provinzen Argentiniens mehrfach bereist. Auf jeder Tour entdecke ich neue, fast unberührt gebliebene Landschaften, grandiose Naturschauspiele und kleine, abgelegene Gehöfte, aus denen mir freundliche, zurückhaltende, strahlende Menschen entgegenkommen.

In der Zeit meines Praktikums in der Rinderzucht-Pampa suchte ich vergeblich nach Rad- und Wanderwegen für Wochenendausflüge. In der feuchten Hitze vergnügt man sich in Argentinien nämlich an den Atlantikstränden des Landes, auf einer sandigen Insel des Río Paraná beim Sonnenbad, oder man legt sich im Park in den Schatten eines Gummibaums zur Siesta.

Stadtansicht von Ushuaia

Einsamkeit, Stille und Natur pur auf über 4000 Metern

wenn der Rasen dort frisch gemäht wurde.

Vor meinem ersten Argentinienaufenthalt dachte ich, dass das Land aus Viehweiden und Bergen bestünde, über die sich Gauchos zu Pferd und Nachfahren dunkelhäutiger Hochlandindianer in klapprigen Autos fortbewegen. Mit doppelstöckigen Überlandbussen, ausgestattet mit Videogeräten für die Fahrgäste, hatte ich nicht gerechnet. Mein Chef sprach Italienisch, weil seine Eltern aus Italien eingewandert waren, die Vorfahren meiner Kollegen stammten aus Spanien, Portugal und Syrien. Die Bevölkerung Argentiniens ist ein »Multikulti« aus Einwanderern und Abkömmlingen einheimischer Indianerstämme mit »Mañana-Mentalität«. Am schönsten erklärt hat mir diese Mentalität mein damaliger Kollege Luis, als er meinte, die Erde Argentiniens sei so fruchtbar, dass man ein Korn einfach auf den Boden werfen könnte,

Das Land ist sehr dünn besiedelt, weshalb Argentinier an den Wochenenden nicht etwa Erholung auf einsamen Wanderwegen, wie etwa in Patagonien, suchen, sondern sich lieber zu Veranstaltungen oder zum gemeinsamen Asado treffen. Gegrillt wird mit der Familie oder mit Freunden. Die mitgebrachten Holzscheite zum Glühen zu bringen, sei es in einer Ecke des gemauerten Grills oder unter dem mitgebrachten losen Eisengitter am Straßenrand, ist in Argentinien Männersache. Die Frauen bereiten Salate zu und unterhalten sich über die Kinder, in höheren Kreisen auch über Schönheitsoperationen. Wichtig ist die gemeinsame Siesta danach im Liegestuhl: egal ob am 5-Sterne-Pool, im Garten oder auch auf dem Mittelstreifen einer Hauptverkehrsstraße. Und für einen Wochenendausflug kann als Zeltplatz schon mal die Verkehrsinsel einer Autobahnauffahrt auserkoren werden,

Sonnenuntergang wie aus dem Bilderbuch auf einer Estancia

Meine Lieblingsbodega in der Quebrada Humahuaca

Herzen einen Tango zu singen. Mir war ganz feierlich zumute, und ich rief ihm zu: *Que linda canción! El regalo más lindo para mi cumple* (Welch schönes Lied, es ist das schönste Geschenk zu meinem Geburtstag). Der Taxifahrer stieg abrupt in die Eisen und brachte den alten Ford zum Stehen. Er drehte sich zu mir um und fragte: *Te puedo dar un beso?* (Darf ich dich küssen?), und ohne lange meine Antwort abzuwarten, drückte er mir mit seinem fast zahnlosen Mund einen herzhaften Kuss auf die Wange und setzte dann singend die Fahrt fort. Diese Herzlichkeit und emotionale Spontaneität – das ist Argentinien!

Hier ist alles größer, weiter, höher, besser und natürlich schöner, das befinden die Argentinier über ihr Land. Tatsache ist, dass die Landschaften, egal ob in der flachen Pampa, im Urwald oder in den Anden, den Reisenden in ihren Bann ziehen. Die Weite und Stille gigantischer Naturschönheiten zu erleben und in sich aufzunehmen zu können verleiht ein Hochgefühl. Die Ursprünglichkeit der Natur, wie sie in Argentinien anzutreffen ist, erfüllt einen mit Abenteuer- und Pioniergeist, gibt andere Perspektiven und Mut für Neues im eigenen Leben. Und auch wenn der argentinische Staat wieder einmal »pleite« ist, der Schönheit des Landes kann das nichts anhaben. Argentinien ist und bleibt nicht nur eine Reise wert!

und es würde ohne weiteres Zutun aufgehen und gedeihen. Ja, man könnte… Diese Gewissheit reicht.

Eine besondere Ehre ist es, von Argentiniern zum Mate-Ritual eingeladen zu werden: *Tomamos mate?* Mit jedem Zug des bitter-süßen Yerba-Mate-Saftes aus dem Metalltrinkhalm namens *bombilla* saugt man den Saft des Landes in sich ein und ist Teil der Mate-Runde. Da die Argentinier sehr gastfreundlich sind und selbst gern im eigenen Land verreisen, kann es gut sein, dass Sie in den Genuss des argentinischen Nationalgetränks kommen.

Taxifahrer werden gesprächig, wenn sie erfahren, dass ihr Fahrgast aus *Alemania* kommt. Beliebtes Thema ist natürlich Fußball, aber auch die Formel 1, Mercedes, Porsche oder BMW.

Ein unvergessliches Erlebnis war die Taxifahrt an meinem 40. Geburtstag in Rosario. Während der Fahrt mit offenen Fenstern in dem in die Jahre gekommenen Ford Falcon fing mein Fahrer an, aus vollem

Reisebarometer

Was macht Argentinien so besonders? Es sind die klimatischen Extreme des Landes – vom Urwald in Misiones bis zur Antarktis – und seine landschaftliche Vielfalt, die vom höchsten Gipfel der Anden bis zum Atlantischen Ozean reicht.

10× richtig gut

Abwechslungsreiche Landschaft
Andenberge, Seen und Schafzucht-Pampa im Süden, Salzwüste und Urwald im Norden.

Kultur und Besichtigungsmöglichkeiten
Tangokultur in Buenos Aires, UNESCO-Welterbestätten

Kulinarische Vielfalt
Exzellente Fleisch- und Fischgerichte, erlesene Weine

Spaß und Abwechslung für Kinder
Tierbeobachtungen, Ausritte in die Pampa, Bootsfahrten

Shoppingangebot
Gürtel, Taschen und Schuhe aus Leder, Wolltextilien

Abenteuer und Entdecken
Unglaubliche Naturschauspiele, argentinische Lebensart

Sportliche Aktivitäten
Golfspielen, Wandern, Fliegenfischen, Tangotanzen

Geeignet für Strandurlaub
Die Atlantikküste bietet Sandbadestrände.

Gastfreundschaft
Argentinier sind sehr gastfreundlich, offen und lebensfroh.

Preis-Leistungs-Verhältnis
Aufgrund der weiten Entfernungen sind Inlandsflüge unumgänglich, was den Reisepreis anhebt.

● = gut ● ● ● ● ● = übertrifft alle Erwartungen

50 Dinge, die Sie ...

Hier wird entdeckt, probiert, gestaunt, Urlaubserinnerungen werden gesammelt und Fettnäpfe clever umgangen. Diese Tipps machen Lust auf mehr und lassen Sie die ganz typischen Seiten erleben. Viel Spaß dabei!

... erleben sollten

(1) Tangotanzen Egal ob Sie passioniert Tango tanzen oder nur den Foxtrott beherrschen: In Buenos Aires sollten Sie in einem der traditionellen Tanzcafés ein Tänzchen wagen und in die Tangoszene eintauchen, z. B. im La Viruta › **S. 75**.

(2) Kanufahren im Tigre-Delta Das Flussdelta ist so groß wie die Stadt Buenos Aires. Erkunden Sie das subtropische Flair und die Stille dieser Inselwelt mit einem Kanu vom Wasser aus. Kanus verleiht z. B. das Alpenhaus › **S. 72**.

(3) Mate-Ritual Am frühen Morgen und Abend trinken die Argentinos ihren Mate. Mit *tomamos mate* sind Sie zum Ritual eingeladen. Alle trinken aus demselben Metallhalm reihum eine Portion leer. Bedanken Sie sich erst am Schluss, denn ein *gracias* bedeutet, dass man genug hat. Mit Don Carlos von der Posada del Parque › **S. 102** macht das Mate-Trinken besonders viel Spaß.

(4) Zeitreise Die kohlebetriebene Schmalspurbahn La Trochita › **S. 127** von 1945 schnauft samstags durch die patagonische Schafzucht-Pampa. Auf der 30 km langen Reise mit dem Patagonia Express können Sie diese majestätische Region auf sich wirken lassen und die Hoffnungen ihrer einstigen Pioniere »miterleben«.

(5) Eismassen Im Gletscher-Nationalpark findet täglich eine ganztägige Trekkingtour zum Gletscher Perito Moreno › **S. 136** statt. Die Wanderung führt mit Steigeisen in eine gigantische Eiswelt für schwindelfreie und erfahrene Wanderer.

(6) Traumstraße Zum einmaligen Erlebnis wird die eigene Autofahrt auf der legendären Ruta Cuarenta (40) › **S. 109** durch spektakuläre Andenlandschaften. Oft kommt einem erst nach einer Stunde ein Auto entgegen, das man aber lange vorher schon am Horizont erblicken kann, und an den Tankstellen tauschen Autofahrer Informationen über den Zustand der Straßen und die Verfügbarkeit von Benzin aus. Erfahrungen, die Sie als Autofahrer so nur in Argentinien machen können.

(7) Ausreiten am Atlantikstrand Über den weißen Sandstrand am Atlantikufer › **S. 73** zu galoppieren macht einfach nur glücklich.

(8) Schrei aus Stein Dem mysteriösen Andengipfel Cerro Torre kommen Sie auf einer Wanderung ganz nah. Gut ausgeschilderte Zustiege und Wanderwege führen von El Chaltén › S. 137 zur herrlichen Laguna Torre, an der Sie der berühmten Felsnadel Ihre Aufwartung machen können (7-Std.-Tour für gute Wanderer).

⑨ Fliegenfischen In den Flüssen und Seen Patagoniens ist Fliegenfischen ein beliebter Sport. Mit einem erfahrenen Führer gelingt es auch den Gästen des Landes, Prachtkerle herauszuholen, deren Gräten Kotelettknochen gleichen. Die Hostéria Futalaufquen › S. 128 bietet entsprechende Ausflüge an.

Im Gletscher-Nationalpark

⑩ Rinder eintreiben Ein besonderes Erlebnis ist es, dem Gaucho zu helfen, die Rinderherde von einer Weide auf die andere zu treiben. Bei diesem Ausritt erleben Sie, wie geschickt er mit seiner Herde umgeht, und mit jedem Atemzug nehmen Sie ein Stück der Weite der argentinischen Pampa in sich auf. Ein perfekter Ort dafür ist die Estancia La Isabella › S. 139.

… probieren sollten

⑪ Parrillada Besuchen Sie ein Grillrestaurant *(parrilla)* wie das El Establo › S. 97 in Rosario im Herzen der Rinderzuchtgebiete und nehmen Sie an einer kulinarischen Zeremonie teil: Auf dem Tisch wird ein kleiner Holzkohlegrill kredenzt, und Sie geben bei der Bestellung an, aus

welchen Köstlichkeiten Ihre *parrillada* bestehen soll. Mein Tipp: Rippen *(asado de tira)*, Lende *(lomo)*, Rumpsteak *(bife de chorizo)*.

⑫ Chinchulines Eine besondere argentinische Spezialität sind gegrillte Därme vom Milchkalb. Probieren Sie die mit hauseigener Marinade aus Petersilie und Knoblauch gefüllten *chinchulines* im El Boliche de Alberto › S. 131 in Bariloche.

⑬ Surubí a la parrilla Eine Delikatesse für Fischliebhaber ist ein Stück *surubí* vom Grill. Diese Welsart kommt v. a. im Nordosten des Landes auf den Tisch, z. B. im La Ruedita › S. 99 in Posadas.

⑭ Sandwich de Milanesa Was in Deutschland die Bratwurst im Brötchen, ist in Argentinien Sandwich de Milanesa: ein paniertes Rinderschnitzel im Weißbrot. Sie bekommen es in Autobahnraststätten, Supermärkten oder probieren es im La Casa de las Empanadas › S. 83 in Cafayate.

Köstlich sind gefüllte Empanadas

(15) Empanadas Die gefüllten Teigtaschen gibt es mit *carne* (Fleisch), *queso* (Käse), *pollo* (Huhn), *jamon* (Schinken) und *verdura* (Gemüse). Im La Americana › **S. 62** in Buenos Aires können Sie alle Varianten durchprobieren.

(16) Dulce de leche Der karamellisierte Zucker ist ein beliebter Brotaufstrich zum Frühstück und wird auch zum Versüßen von *facturas* (Gebäck) zum Kaffee verwendet. Naschkatzen gehen dafür in Buenos Aires ins Café Las Violetas › **S. 61**.

(17) Torrontés Die exklusive Weißweintraube Torrontés wächst in den Andenhöhen der Provinz Salta und hat entsprechend viel Gerbsäure, die dem Wein ein einzigartiges Aroma verleiht. Prämiert ist u. a. der Torrontés der Finca Quara › **S. 83**.

(18) Malbec Argentinischer Malbec gehört mit zu den besten Rotweinen der Welt. Genießen Sie den besonderen *cuerpo* des Malbec-Weins der Familia Schroeder › **S. 51**.

(19) Gancia con soda An heißen Tagen ist der argentinische Wermut-Aperitif, der mit Eis serviert wird, besonders erfrischend. Dazu wird eine Sodaflasche gereicht, aus der man sich die gewünschte Menge Soda selbst auf die Eiswürfel spritzt. Im Café Tortoni › **S. 61** in Buenos Aires schmeckt er besonders gut.

(20) Terma cuyano Das Kräuterkonzentrat aus den Anden ist ideal, um sich für unterwegs ein alkoholfreies Erfrischungsgetränk mit Wasser zu mischen. Terma gibt es in jedem Supermarkt, auch in der Geschmacksrichtung *pomelo* (Grapefruit) oder *limon* (Zitrone).

(21) Cortado grande Gönnen Sie sich nach einem schmackhaften Essen den argentinischen Espresso mit Milchschaum. Die Argentinier trinken vornehmlich Kaffee, dessen Bohnen mit Zucker geröstet wurden. Das Florida Garden › **S. 63** in Buenos Aires ist bekannt für seine besonders köstlichen *cortados*.

... bestaunen sollten

(22) Wale Im Golfo Nuevo vor der Halbinsel Valdés ziehen in der Zeit von Juli bis November Glattwale ihre Jungen auf. Ab Puerto Pirámides finden tgl. bei guter Witterung Bootsfahrten zur Walbeobachtung statt, z. B. mit Jorge Schmid › **S. 126**.

(23) Salzwüste Im Nordwesten liegt auf über 4200 m das gut 12 000 ha große Salzmeer Salinas Grandes › S. 89. Einmalig sind die Farbkontraste zwischen dem weißen Salzmeer, den Brauntönen der Andengipfel und dem tiefblauen Himmel.

24 Yerba Mate in Hülle und Fülle
Nur in argentinischen Supermärkten finden Sie eine so enorme Auswahl an Mate-Teekraut, dass sie in der Regel eine komplette Regalwand füllt. Das unterschiedliche Design der Verpackungen reicht von traditionell bis modern und spiegelt die Gaucho-Kultur der Pampa wider. Bestaunenswert ist die Auswahl im Carrefour [c1] im Zentrum von Buenos Aires (Av. Corrientes 1160).

25 Pinguine Die kleinste Pinguinart der Welt brütet in Punta Tombo › S. 126, der größten Magellanpinguin-Kolonie der Welt mit über 2 Mio. Tieren. Von Jan. bis März sind die Kleinsten besonders niedlich, wenn sie ihr Flaumkostüm tragen. Das Tierschutzreservat kann man über einen Reiseveranstalter ab Puerto Madryn besuchen, Auskünfte erteilt das Tourismusbüro › S. 125.

26 Sehnsucht und Leidenschaft
Außer den traditionellen Tangocafés gibt es in Buenos Aires auch professionelle Tangoshows. Lassen Sie sich von mitreißenden Profis in die Welt aus Sehnsucht, Leidenschaft, Eifersucht und Groll verführen, z. B. im Esquina Carlos Gardel › S. 75.

27 Brückenschlag Gut eine Stunde dauert die Fahrt über die Flussläufe des Río Paraná von Rosario › S. 96 (Provinz Santa Fé) nach Victoria (Provinz Entre Ríos). Atemberaubend ist der Blick auf den mächtigen Río Paraná und die Silhouette der in der Ferne liegenden Stadt.

28 Philosophie der Gegenstände
Das umwerfende Museum Rocsen › S. 111 präsentiert Gegenstände in einer atemberaubenden Vielzahl und Vielfalt: Hier gibt es nichts, was nicht wert wäre, ausgestellt zu werden. Finden Sie den über 2 m langen Stoßzahn eines Narwals? Für Sammlerherzen schlicht paradiesisch!

29 Hafen am Ende der Welt Im Hafen von Ushuaia › S. 143, Hauptstadt der Insel Feuerland, liegen Schiffe, die zur Antarktis ablegen. Nicht nur die Schiffe sind bestaunenswert, sondern auch der Blick in der südlichsten Stadt der Welt in Richtung Antarktis.

30 Weinarchitektur Das größte Weingut Argentiniens, die Bodega Trapiche › S. 51 in Mendoza, eröffnete zum 125-jährigen Firmenjubiläum 2008 ihre neue Kellerei in einem imposanten Backsteingebäude von 1912 – ein Juwel der Weinarchitektur inmitten von Rebflächen.

31 Cardones Riesenkakteen vor einer atemberaubenden Bergkulisse und strahlend blauem Himmel stehen im Nationalpark Los Cardones › S. 86 in der Provinz Salta. Und wer ein wenig Glück hat, erwischt genau den einen Tag, an dem der eine oder andere über 40-jährige Kandelaberkaktus auch blüht.

... mit nach Hause nehmen sollten

32 Ledergürtel Von einfach bis kunstvoll bestickt reicht die Auswahl wunderschöner Gürtel aus Rindsleder. Schauen Sie bei Fitz Roy › **S. 131** in Bariloche vorbei (ab 7 €).

33 Nuevos Cancioneros Einzigartige Stimme Argentiniens war die »La Negra« genannte Sängerin Mercedes Sosa › **S. 45**. Bei Zivals [**H9**] in Buenos Aires (Av. Callao 395) gibt es eine große CD-Auswahl; fragen Sie nach dem musikalisch wie politisch legendären Album *Mercedes Sosa en Argentina* von 1982.

34 Mate-Zubehör Kaum etwas wird Ihre Erinnerungen an Argentinien so beleben, wie ein Mate-Ritual zu Hause. Dafür brauchen Sie eine Kalebasse *(mate),* ein Alpaka-Metallröhrchen *(bombilla),* Mate-Teekraut *(yerba mate)* und eine spezielle Mate-Thermoskanne *(termo).* Das

Teekraut gibt es in Buenos Aires z. B. im Carrefour › **S. 15**, das Zubehör bei Josesito [**d2**] (Av. de Mayo 881, Montserrat).

35 Modernes argentinisches Design Tolle Taschen werden von Jungle Vi.ai.pi [**H9**] in Buenos Aires gefertigt. Besonders schön sind die Ledertaschen aus der Desert Collection (Perú 1621, San Telmo, www.jungleviaipi.com, ab 80 €).

36 Poncho Auf Ihrer Reise durch die Calchaquí-Täler kommen Sie durch das Weberdorf Seclantás. Bei der Weberfamilie Guzmán › **S. 85** gibt es einmalige gewebte Ponchos im Salteño-Stil.

37 Besondere Keramik In Uquía › **S. 90** in der Humahuaca-Schlucht verkaufen Einheimische selbst getöpferte, stilvolle Keramikarbeiten mit Indianermotiven, die Sie sonst nirgendwo in Argentinien finden.

38 Tango argentino & Tango nuevo Ob Lieder des berühmten Carlos Gardel oder die Musik des Tangoerneuerers Astor Piazzolla – in den CD-Geschäften an der Av. de Mayo [**d1–3**] in Buenos Aires heben Sie Tangoschätze für zu Hause › **S. 74**.

39 Tango-Traumschuhe Wer aktiv Tango tanzt, sollte am Anfang und am Ende der Reise einen Stopp in Buenos Aires einlegen und sich beim ersten Aufenthalt seine Tango-Traumschuhe anpassen lassen, die dann vor der Heimreise abgeholt werden können (Centro Artesanal

Kalebassen für Mate

del Tango [d2], Suipacha 256, San Nicolás, ab 150 €).

40 Regenbogen Fotografieren Sie einen Regenbogen über den Iguazú-Wasserfällen › **S. 103** – eine schönere Erinnerung an diese gigantische Naturkraft, die zu den größten der Erde zählt, dürfte es kaum geben.

41 Bilderrahmen Individuelle Bilderrahmen aus Holz mit Verzierungen aus gewebten Gauchobändern oder mit Indianermotiven gibt es in Souvenirshops, etwa bei World's End › **S. 145** in Ushuaia (10 €).

… bleiben lassen sollten

42 Argentinische Pesos in Europa tauschen Da der Kursverfall des Pesos stark ist, sollten Sie Euros und US-Dollars in bar mitnehmen und vor Ort nach und nach eintauschen.

43 Taxifahren ohne Preisabsprache Fragen Sie den Fahrer vor dem Einsteigen, was die Fahrt zum Zielort kostet, um am Ende keine Überraschung zu erleben. Auch die Taxiuhr sollte eingeschaltet sein.

44 La Boca am Abend Meiden Sie aus Sicherheitsgründen abends das Stadtviertel › **S. 67** in Buenos Aires.

45 Carpincho-Leder Es gibt wunderschöne Schuhe und Gürtel aus dem weichen Flussschweinleder – die dürfen Sie aber nicht nach Deutschland einführen.

La Boca, das Hafenviertel von Buenos Aires

46 Den Tank fast leer fahren Sobald sich die Tankuhr der Hälfte nähert, in jedem Fall bei der nächsten Tankstelle volltanken. Die Tankstellen liegen weit auseinander und die Benzinabgabe ist oft begrenzt.

47 Orchideen mitnehmen Im Urwald von Misiones verkaufen Einheimische Orchideen. Sehen Sie vom Kauf der Pflanzen ab, Sie dürfen sie nicht nach Europa einführen.

48 Nachtfahrten Pkw und Lkw sind häufig sehr dürftig oder gar nicht beleuchtet. Fahren Sie deshalb möglichst nicht nach Einbruch der Dunkelheit Auto.

49 Eine Charrango kaufen Das typische Saiteninstrument wird aus Holz oder aus dem Panzer von Gürteltieren (*armadillos*) gefertigt. Entscheiden Sie sich für die Holzversion, sonst kommt das Instrument nicht durch den deutschen Zoll.

50 Über Politik sprechen Politik ist in Argentinien »ein heißes Eisen«!

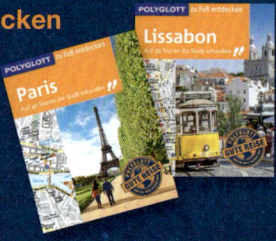

Was steckt dahinter?

Die kleinen Geheimnisse sind oftmals die spannendsten. Wir erzählen die Geschichten hinter den Kulissen und lüften für Sie den Vorhang.

Woher kommt der Poncho der Gauchos?

Bereits rund 1800 Jahre v. Chr. webten die Vorfahren der Inkas – das Reich der Inkas reichte bis in den Nordwesten Argentiniens – Taschen, Schärpen, Decken und die ursprünglichen Ponchos an kleinen Webstühlen, die sie vor ihren Häusern horizontal zwischen zwei armdicke Pfosten spannten. Zu Zeiten der Inkas trugen die Priester während der Zeremonien Ponchos mit intensiven Farben, etwa Rot, Grün, Gelb oder auch Schwarz. Für den täglichen Gebrauch wurden graue, braune oder auch weiße Ponchos gewebt. In der Provinz Salta trägt der stolze Reiter bis heute traditionell seinen schwarzen Lederhut und einen schwarz-rot gestreiften, gewebten Poncho.

Was bedeuten die Gedenkstätten der Difunta Correa?

An vielen Straßen Argentiniens befinden sich kleine Altäre, die von leeren Plastikflaschen umringt und mit Autoreifen, Radkappen und Autoteilen belagert sind. Surrealistische Kunstwerke oder Altäre für Autos? Einer Legende der Huarpe-Indianer zufolge gebar die Frau eines Indigenas auf dem mühsamen Weg über die Anden ihr Kind und verstarb. Das Kind blieb am Leben. Man fand es trinkend an der Mutterbrust. Später wurde diese Legende etwas abgeändert: Der Gaucho Correa aus der Provinz San Juan und seine schwangere Frau Deolinda waren 1841, zur Zeit des Bürgerkriegs, auf dem Weg in die Anden. Correa wehrte Angreifer ab, Deolinda folgte den Spuren des Pferdes auf der Suche nach ihrem Mann, bis sie ihr Kind gebar und dabei starb. Ihre Muttermilch rettete das Neugeborene vor dem Verdursten. Sie wird seitdem als Schutzpatronin der Reisenden verehrt, die das karge, einsame Hochgebirge der argentinischen Anden überqueren.

Warum stehen in der Pampa Pappelalleen?

Die prachtvollen argentinischen Estancias umfassen riesige Weideflächen für Schafe im Süden des Landes und für Rinder im Nordosten Argentiniens. An den Begrenzungen der Ländereien pflanzten die Estancieros Pappeln, damit der Wind, der über die Pampa, eine baumlose Ebene, fegt, gebrochen wird und Weideflächen und Tiere geschützt sind. An den Auffahrten zu den herrschaftlichen Estancia-Gebäuden der feuchten Pampa pflanzte man Ende des 19. Jhs. links und rechts Pappeln, damit man mit der Kutsche im Schatten bis zum Landsitz fahren konnte und nicht der prallen Sonne ausgesetzt war.

Der Kongresspalast in Buenos Aires mit dem »Denkmal für die beiden Kongresse«

REISE-
PLANUNG &
ADRESSEN

Die Reiseregion im Überblick

Von den Iguazú-Wasserfällen im tropischen Urwald bis zur Insel Feuerland im Süden erstreckt sich das »Land der Gauchos«, das achtmal so groß ist wie Deutschland.

Die Pampa, die baumlose Ebene, bestimmt das Landschaftsbild Argentiniens: die trockene Schafzucht-Pampa, die sich entlang der Anden-Bergkette zieht, und die feuchte Pampa, in der die berühmten argentinischen Rinder gezüchtet werden. Riesige Landgüter (Estancias) mit mehreren tausend Hektar Land sind typisch für Argentinien.

Die Weltstadt **Buenos Aires** ist das politische, wirtschaftliche und kulturelle Zentrum des Landes, das durch den Zuzug von Landbevölkerung ständig wächst. Lichterglanz, moderne Architektur, prachtvolle Paläste und die lebendige Tangoszene bestimmen heute das Bild der Stadt, die ihren Namen von den ersten Siedlern Mitte des 16. Jhs. bekam: Buenos Aires – »günstige Winde«. Das historische Zentrum mit seinen Gebäuden aus dem 18. und 19. Jh. entführt in die Kolonialzeit. In den Vierteln rund um den Hafen am Río de la Plata wird die Kultur der europäischen Einwanderer lebendig, deren Heimweh zur Entstehung des Tangos führte. Allein diese faszinierende Stadt lohnt schon die Reise.

Das Landschaftsbild der Provinzen Salta und Jujuy im **Nordwesten** Argentiniens wird von den Anden geprägt. Die Provinz Salta ist bekannt für ihre Tabak- und Weinanbaugebiete. Im Nationalpark Los Cardones erheben sich riesige Kandelaberkakteen vor schneebedeckten Andengipfeln. Paprikaschoten werden hier wie rote Teppiche zum Trocknen ausgelegt. In der Salzwüste Salinas Grandes baut man auf über 4000 m Höhe Salz ab wie vor 500 Jahren. Das mineralienhaltige

Daran gedacht?

Einfach abhaken und entspannt abreisen

- [ ] Impfungen bei Bedarf (siehe Infos von A–Z)
- [ ] Auslandsreiseversicherung
- [ ] Reisepass
- [ ] Flug-/Bahntickets, Voucher für gebuchte Arrangements
- [ ] Internationaler und EU-Führerschein (Mietwagen)
- [ ] Bargeld (US$, €) mitnehmen (siehe Infos von A–Z)
- [ ] Sitter für Pflanzen und Tiere
- [ ] Zeitungsabo umleiten / abbestellen
- [ ] Postvertretung organisiert
- [ ] Hauptwasserhahn abdrehen
- [ ] Nicht den AB besprechen: »Wir sind im Urlaub.«
- [ ] Kreditkarte einstecken
- [ ] Medikamente einpacken
- [ ] Ladegeräte/Adapter

Sieben-Farben-Tal, die Quebrada Humahuaca, zählt zum UNESCO-Weltkulturerbe.

Als die grüne Lunge Argentiniens gilt das wasserreiche Gebiet **Misiones** und **Mesopotamia** entlang des Río Paraná, das von den Iguazú-Wasserfällen im Norden des Landes bis zur Hauptstadt Buenos Aires reicht. Ein Muss für jede erste Argentinienreise ist der Besuch des Nationalparks Cataratas del Iguazú. Gewaltige Wassermassen stürzen über 275 Wasserfälle in die Tiefe

Dreiländereck in der Provinz Misiones

mitten im Urwald von Misiones. In der Heimat der Guaraní-Indianer wurden vor über 400 Jahren Jesuitenmissionen errichtet. San Ignacio Miní ist UNESCO-Weltkulturerbe. In Misiones beheimatet ist der Mate-Strauch (*yerba mate*), aus dessen Blättern Mate-Tee, das Nationalgetränk Argentiniens, gewonnen wird. Im Zweistromland Mesopotamia leben im Naturpark Esteros del Iberá Kaimane und Flussschweine.

Die Region **Pampa und Mendoza** umfasst Gebiete von der Provinz Buenos Aires, der feuchten Pampa, über die Sierras von Córdoba und Pampa de las Salinas bis in die Anden zur chilenischen Grenze. Argentinische Weine aus La Rioja und Mendoza sind weltbekannt. Landschaftlich bietet die Provinz La Rioja, die etwas abseits der Touristenstrecke liegt, zwei Highlights: den Nationalparks Talampaya mit 250 Mio. Jahre alten Saurierfunden und Ischigualasto mit dem Valle de la Luna (Mondtal). Im Provinzpark Aconcagua in Mendoza liegt der gleichnamige höchste Andengipfel Südamerikas.

Die Berge und Seen **Patagoniens** sowie die endlosen Weideflächen der Schafherden erstrecken sich von der Halbinsel Valdés bis zur Magellanstraße. Patagonien ist das Land der Abenteurer, Walfänger, Bergsteiger, Schafzüchter, Erdöl- und Gasbohrer. Die Sonne sticht in diesen Breitengraden erbarmungslos vom Himmel. Auf keinen Fall verpassen sollte man die Tierbeobachtungen auf der Halbinsel Valdés, Wanderungen in den Nationalparks Nahuel Huapí, Lanín, Los Alerces und Los Arrayanes um Bariloche sowie Exkursionen im Gletscher-Nationalpark.

Die Insel **Feuerland** ist durch die Magellanstraße vom südamerikanischen Festland getrennt. Liebhaber wilder Küstenlandschaften und antarktischer Tierwelt sind hier richtig. Ushuaia ist der Ausgangspunkt für Besuche im Nationalpark Feuerland, Kreuzfahrten zur Antarktis und um das sturmumtoste Kap Hoorn. Ein Besuch im Museo del Fin del Mundo, dem Museum am Ende der Welt, zeigt anschaulich die Besiedlungsgeschichte dieser abgeschiedenen Region.

Klima & Reisezeit

Argentinien erstreckt sich von den Subtropen bis zur Antarktis und kann ganzjährig bereist werden. Wegen der großen klimatischen Unterschiede empfiehlt es sich, die Reiseroute auf die ideale Reisezeit der Region abzustimmen.

Als Faustregel gilt, dass die Temperaturen von Norden nach Süden fallen und die Niederschläge von Osten nach Westen abnehmen. Durch ganz Südamerika verläuft entlang des 68. Längengrads eine Trennlinie, und grob gesagt regnet es westlich davon erheblich weniger als weiter östlich. Im Nordosten fallen mit 1900 mm die meisten Niederschläge, während sich Patagonien mit nur 250 mm im Jahr begnügen muss.

Die ideale Reisezeit für die nordwestlichen Provinzen Salta und Jujuy ist von Mai bis November, außerhalb der Regenzeit. Im restlichen Argentinien gibt es vier Jahreszeiten, umgekehrt zu denen Europas, da Argentinien auf der Südhalbkugel liegt. Die beste Reisezeit ist generell von Oktober bis April, also im argentinischen Sommerhalbjahr.

In Misiones, Mesopotamia und Buenos Aires ist es im Dezember und Januar sehr heiß mit Tageshöchsttemperaturen von 40 °C bei einer Luftfeuchtigkeit von bis zu 95 %. Kreislaufschwache sollten diese Monate deshalb besser meiden.

In Nordpatagonien auf der Höhe der Halbinsel Valdés bis Bariloche ist das Klima mitteleuropäisch. Im März beginnt der patagonische Herbst. Der Himmel ist blau und die Luft angenehm frisch. In Südpatagonien und auf Feuerland fängt es im April bereits an zu schneien. Im Sommermonat Januar steigt die Temperatur mittags auf 18 °C und sinkt nachts bis auf 5 °C ab. Warme Kleidung und eine Windjacke sollte man im Süden Argentiniens immer dabeihaben.

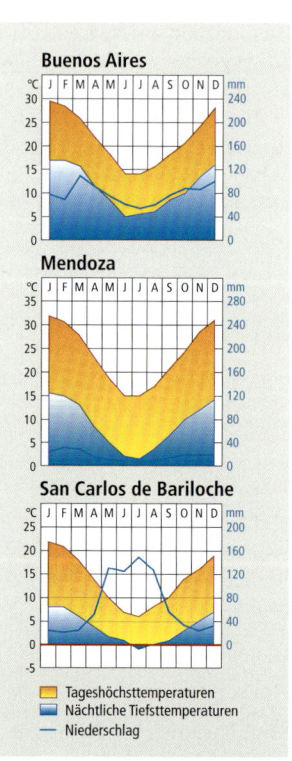

Buenos Aires

Mendoza

San Carlos de Bariloche

Tageshöchsttemperaturen
Nächtliche Tiefsttemperaturen
Niederschlag

Anreise

Mit dem Flugzeug

Lufthansa (www.lufthansa.de) fliegt täglich nonstop von Frankfurt nach Buenos Aires. Air France (www.airfrance.de) fliegt ab allen deutschen Flughäfen über Paris nach Buenos Aires, Iberia (www.iberia.com) über Madrid, KLM (www.klm.com) über Amsterdam, British Airways (www.britishairways.com) über London und Alitalia (www.alitalia.com) über Rom. LATAM Airlines (www.latam.com) fliegt von Frankfurt (Zubringer Lufthansa) über Santiago de Chile bzw. São Paulo nach Buenos Aires. Schnäppchenpreise unter 800 Euro sind außerhalb der Hauptsaison möglich. Die früher in Buenos Aires am internationalen Flughafen Ezeiza erhobene Flughafengebühr bei Ausreise ist inzwischen im Ticketpreis enthalten.

Mit dem Schiff

Die Fahrt mit dem Frachtschiff über den Atlantik dauert ca. 4 Wochen. Sie kann z. B. gebucht werden bei Hamburg Süd Reiseagentur GmbH (www.hamburgsued-frachtschiffreisen.de) oder bei Internationale Frachtschiffreisen Pfeiffer GmbH (www.frachtschiffreisen-pfeiffer.de). Es gibt zudem die Möglichkeit, das eigene Fahrzeug – international versichert – mit dem Frachtschiff von Hamburg nach Montevideo zu verschiffen, um von Uruguay aus eine Selbstfahrertour durch Argentinien zu starten. Man sollte dafür aber mehr als ein halbes Jahr unterwegs sein können und über sehr gute Spanisch-Sprachkenntnisse verfügen (www.transglobal-logistics.eu).

Reisen im Land

Idealerweise baut man für die Verbindung der weit auseinanderliegenden Ziele in Argentinien mindestens zwei Inlandsflüge ein.

Es empfiehlt sich eine Kombination aus Flug und Busfahrt oder eine Reise in organisierten Kleingruppen bzw. eine organisierte Individualtour. An den Inlandsflughäfen, in den Ausgangsorten zu National- und Naturparks und in Unterkünften werden von örtlichen Agenturen Tagesausflüge und mehrtägige Touren angeboten.

Flüge

Die meisten Destinationen im innerargentinischen Flugverkehr bieten die nationalen Fluggesellschaften Aerolíneas Argentinas (www.aerolineas.com.ar), ihre Tochter Austral (www.austral.com.ar) und LATAM Airlines (www.

latam.com). Flüge nach Salta bietet auch Andes (www.andesonline.com) an. Neue Billigflieger wie Flybondi (www.flybondi.com) und Norwegian Air Argentina sollen Inlandsflüge erschwinglicher machen.

Es ist ratsam, Inlandsflüge im Voraus zu buchen, da in der Hochsaison viele Strecken ausgebucht sind. Vergünstigte Inlandsflüge (South America Airpass) bietet LATAM, wenn die Transatlantikflüge mit LATAM oder einer anderen Airline der Oneworld Alliance (u. a. Iberia und British Airways) geflogen werden. Der Airpass muss in Deutschland vor Abreise gebucht, das Ticket dafür in Deutschland ausgestellt werden.

In Buenos Aires gibt es den internationalen Flughafen **Ezeiza** (EZE), der 41 km vor der Stadt liegt, und den Stadtflughafen **Aeroparque** (AEP) für nationale Flüge. Flugzeitenänderungen sind in Argentinien an der Tagesordnung. Flüge sind mind. 48 bis 24 Std. vor Abflug vor Ort bei der Fluggesellschaft rückzubestätigen bzw. man muss sich online einchecken.

Busfahrten

Regional und überregional verkehrende Busse starten und enden am Busterminal Retiro › **S. 58** beim Hauptbahnhof in Buenos Aires. Am bequems-

SEITENBLICK

Zug zu den Wolken

Der »Tren a las Nubes« zählt zu den höchstgelegenen Zugstrecken der Welt. Er startet in der Provinzhauptstadt Salta auf 1187 m Höhe und windet sich über mehrere Stahlbrücken ins Andenhochland, vorbei am Minendorf San Antonio de los Cobres (3775 m), bis auf über 4000 m Höhe. An der höchsten Stelle hält der Zug an der Brücke »El Polvorillo« in schwindelerregender Höhe. Die beeindruckende Stahlkonstruktion steht mitten in der kargen Andenlandschaft und ist mit 224 m Länge und 63 m Höhe das Wahrzeichen der Zugstrecke. Nach einer Pause auf der Höhe tritt der Zug die Rückfahrt an und bewegt sich langsam zurück in Richtung Salta. Rund 16 Stunden dauert die reine Fahrzeit hin und zurück. Für Verpflegung und Unterhaltung durch einheimische Musikgruppen ist an Bord während der langen Fahrt gesorgt.

Ursprünglich wurde die Strecke 1921 gebaut, um Salta und die Kupfer-, Salpeter- und Boraxminen mit dem chilenischen Exporthafen Antofagasta zu verbinden. Erst im Jahr 1948 konnte der Gleisbau über die argentinisch-chilenische Grenze auf 3852 m Passhöhe am Socompa fertiggestellt werden. 529 km Gleisstrecke waren auf argentinischer Seite und 372 km auf chilenischer Seite verlegt worden. Seit 1973 fährt ein Personenzug Touristen aus aller Welt zu den Wolken. Wenn es nicht gerade Probleme mit der Konzessionsvergabe oder durch unpassierbare Streckenabschnitte gibt, fährt der Touristenzug von April bis November samstags um 7 Uhr morgens. Die Fahrt kostet pro Person umgerechnet 60 € (mit Buszubringer von Salta 100 €). Aktuelle Infos erteilt das Tourismusamt in Salta › **S. 87.**

Der »Tren a las Nubes« fährt von Salta nach San Antonio de los Cobres

ten sind Sitzplätze, an denen man eine Beinstütze *(semi cama)* ausklappen oder die man zu Liegesitzen *(coche cama)* umfunktionieren kann. Tickets können online mit Kreditkarte unter www.omnilineas.com oder aber direkt am Busbahnhof gekauft werden, dabei ist der Reisepass vorzulegen. Wegen der Klimaanlagen sind ein Halstuch und eine Jacke im Handgepäck von Vorteil.

Zugfahrten

Der überregionale **Zugverkehr** ist in Argentinien 1992 privatisiert und damit größtenteils eingestellt worden. Montags und donnerstags verkehrt ein Zug von Buenos Aires über Rosario nach San Miguel de Tucumán. Die Fahrt dauert 29 Std., Abfahrt ist um 13.30 Uhr, Ankunft am nächsten Tag um 20.45 Uhr. Rückfahrten sind mittwochs sowie samstags jeweils um 13 Uhr. Ein Ticket der 1. Klasse kostet umgerechnet 29 €, ein Platz im Schlafwagenabteil 100 € (www.satelitefer roviario.com.ar).

Der Zug von Buenos Aires zum Strandziel Pinamar fährt freitags hin und sonntags zurück (www.dpina mar.com.ar). Nahverkehrszüge zu

---

SEITENBLICK

Tipps zum Autofahren

- Internationalen und EU-Führerschein sowie eine Kreditkarte mitnehmen.
- An jeder Tankstelle volltanken; in den Provinzen gibt es wenig Tankstellen und manchmal limitierte Benzinabgaben.
- Zwei Ersatzräder übergeben lassen. Ersatzkanister dürfen offiziell nicht mitgeführt werden. Andernfalls besteht kein Versicherungsschutz.
- Nicht im Dunkeln fahren; andere Fahrzeuge sind unzureichend bis gar nicht beleuchtet.
- Bei Grenzüberquerungen Zollpapiere für den Wagen mitführen.
- Die Autobahnen sind gebührenpflichtig (zwischen 3 und 10 Pesos an jeder Mautstelle).
- In Argentinien gilt Anschnallpflicht. Auf allen Landstraßen mit Licht fahren. Kinder unter 11 Jahren müssen auf der Rückbank sitzen.
- (Radar-)Kontrollen sind häufig.

den Stadtteilen Belgrano, San Isidor, Martínez und Tigre fahren täglich ab dem Bahnhof Retiro › S. 58.

Regionale saisonabhängige Züge sind der **Zug zu den Wolken** › S. 26 ab/bis Salta › S. 86, die Schmalspurbahn des **Patagonia Express** › S. 127 ab Esquel und der **Tren del Fin del Mundo** › S. 145 auf Feuerland.

Mietwagen

Wegen der großen Distanzen ist es ratsam, an regionalen Flughäfen Autos anzumieten. Neben lokalen Anbietern, die in der Regel preiswerter sind, aber meist weniger gut gepflegte Autos haben, sind Avis, Hertz und Nacional (Europcar) vertreten.

Taxi

In Argentinien gibt es Taxis für den innerstädtischen Verkehr und für längere Überlandstrecken. Taxis für den Stadtverkehr stehen an Busterminals und Flughäfen oder werden per Handzeichen an der Straße angehalten. Langstreckentaxis sind *Remis*, die bei der örtlichen Taxizentrale telefonisch bestellt werden (über die Hotelrezeption).

Sport & Aktivitäten

Argentinien bietet in schier unendlicher Vielfalt alles, was das Herz der Fans von Outdooraktivitäten höher schlagen lässt.

Reiten

Argentinien ist das ideale Land für einen Reiturlaub auf einer der Estancias des Landes › S. 138, mit der Möglichkeit, allein auszureiten oder Gauchos beim täglichen Ausritt zu ihren Rinder- oder Schafherden zu begleiten.

SEITENBLICK

El Criollo – das Pferd der Gauchos

Durch den spanischen Eroberer Don Pedro de Mendoza kamen im Jahr 1535 die ersten Criollo-Pferde nach Argentinien. Sie sind eng mit dem Berber verwandt und haben Araberblut. Einige der Criollos entkamen bei der Eroberung von Buenos Aires und pflanzten sich in freier Wildbahn fort. Nur die Stärksten überlebten. Erst im Jahr 1911 gelang es Emilio Solanet, in einem Tehuelche-Indianerdorf in Patagonien reinrassige Criollos zu finden, um deren Fortpflanzung zu sichern.

Dieses besonders zähe, ausdauernde, geduldige und langlebige Pferd ist ideal für die tägliche Arbeit der Gauchos in den oft unwirtlichen Weiten der argentinischen Pampa.

Das Fitz-Roy-Massiv im Nationalpark Los Glaciares

Trekking und Bergsteigen

Liebhaber ausgedehnter Gebirgstouren und Tageswanderer kommen in Argentinien voll auf ihre Kosten. In den Nationalparks der Anden finden sich ausgezeichnete Möglichkeiten zum Wandern, sei es rund um das Fitz-Roy-Massiv › S. 137 im Nationalpark Los Glaciares oder in den wunderbaren Berg- und Seenlandschaften der Nationalparks Nahuel Huapí › S. 131 und Lanín › S. 134. Eine eigene, gute Ausrüstung ist unbedingt notwendig, da sich Wanderer meist selbst versorgen müssen. Gutes Kartenmaterial gibt es in den Verwaltungsbüros der Nationalparks. Damit kann man Touren selbst zusammenstellen und durchführen.

Der höchste Berg Südamerikas, der Aconcagua (6960 m) › S. 117, zieht Bergsteiger aus aller Welt an. Auch hier gilt: Das Mitbringen der eigenen Ausrüstung ist extrem wichtig. Die Saison für die Besteigung des Aconcagua ist von Mitte November bis Mitte März. Über das Basiscamp hinaus kommt man nur mit einer Erlaubnis der Nationalparkverwaltung. Das Basiscamp Plaza de Mulas liegt auf 4200 m (www.aconcagua.com.ar). Informationen über Tourmöglichkeiten und Angebote der Nationalparks erteilt auch die Staatliche Nationalparkverwaltung:

Administración de Parques Nacionales (APN) [c2]

• Carlos Pellegrini 657 | Buenos Aires
  Tel. (11) 3984 7100
  www.parquesnacionales.gov.ar
  Mo–Fr 10–17 Uhr

Es empfiehlt sich sehr, Bergtouren von deutschen Spezialveranstaltern organisieren zu lassen:

Diamir Erlebnisreisen GmbH

• Berthold-Haupt-Str. 2
  01257 Dresden | Tel. 03 51/31 20 77
  www.diamir.de

Hauser Exkursionen International
- Spiegelstr. 9 | 81241 München
  Tel. 0 89/23 50 06-0
  www.hauser-exkursionen.de

SIM Expeditions
- Casilla N° 6
  Puerto Williams | Chile
  www.simexpeditions.com

Mountainbiking

Die Schotterpisten in den Anden sind ideal für abenteuerliche Mountainbike-Touren, die in den Provinzen von lokalen Anbietern organisiert werden, beispielsweise in Bariloche › S. 130 oder Mendoza › S. 115. Infos und Angebote finden sich unter www.bariloche.com oder www.mendoza.com.

Segeln

Eine Umrundung des sturmumtosten Kap Hoorn ist Traum und Schrecken aller Segler. Um Kap Hoorn und zur Antarktis bietet Skipper Wolf Kloss von Oktober bis März Törns für erfahrene Segler an. Ausgangshäfen für die Törns mit Expeditionscharakter sind Puerto Williams in Chile und Ushuaia › S. 143 in der Provinz Feuerland.

Polosport und Fußball

In diesen beiden landestypischen Sportarten haben es die Argentinier zu Weltklasse gebracht, und alle beide lösen bei den Zuschauern ungeahnte Emotionen aus.

Die besten Polospiele sind im November auf dem Poloplatz in Palermo › S. 70 zu sehen, und für Fußballfans bietet sich der Besuch eines Spiels im River-Plate-Stadion, nahe des nationalen Flughafens Aeroparque › S. 26, an oder im Stadion der Boca Juniors › S. 67.

Golf

Für Golfspieler bietet Argentinien abwechslungsreiche Landschaften, wie zum Beispiel im patagonischen Naturpark Llao Llao auf dem Gelände des Llao Llao Golf Spa Hotel › S. 130 oder in den Anden bei Salta.

Aber auch in Buenos Aires gibt es gute Möglichkeiten, Golf zu spielen. Weitere Informationen finden sich beim Buenos Aires Golf Club (www.bagolf.com.ar) oder unter www.golfenbuenosaires.com.

La Estancia de Cafayate [D4]
- Ruta Nacional 40 | km 4340
  Cafayate | Salta
  Tel. (03868) 428 707
  www.gracehotels.com/cafayate

Golf Club Lagos de Palermo [H9]
- Av. Tornquist y Olleros
  Buenos Aires | Tel. (011) 4772 7261

Der Cerro Catedral in Patagonien

Unterkunft

Argentinien bietet Unterkünfte in allen Preisklassen. Die staatlicherseits vergebenen Sterne für Hotels entsprechen aber nicht immer dem gefühlten Niveau.

Das Alvear Palace Hotel in Buenos Aires

In ländlichen Gebieten sind auch sehr einfache Unterkünfte empfehlenswert und sicher; in Städten sind sie aus Sicherheits- und Hygienegründen nicht zu empfehlen.

Hosterías sind ländliche, familiäre Hotels. **Posadas** und **Hostales** sind Familienpensionen. Bei **Lodges** handelt es sich um rustikale, einfachere Unterkünfte auf dem Land. Alle bieten Zimmer mit eigenem Bad/Dusche und WC an. **Cabañas** sind Holzhäuschen mit Bad, WC und oft mit einer Asado-Grillstelle.

Auf **Estancias** › **S. 138** wird, wie zu den Zeiten der reichen Viehbarone, herrschaftlich gewohnt. Die Übernachtungen sind immer mit Vollverpflegung (ab ca. 100 €/Person).

In den letzten Jahren sind – hauptsächlich für internationale Touristen – sehr schöne und stilvolle Unterkünfte gebaut worden. Einheimische Materialien wie etwa Holz, Steine und Lehm in Verbindung mit Glas verleihen diesen Anlagen ein besonderes, warmes Flair.

Camping ist weit verbreitet, denn in den Nationalparks kann man oft nur im Zelt übernachten. Man braucht eine gute Ausrüstung für alle Witterungsverhältnisse. Die Sanitäreinrichtungen sind allerdings sehr einfach.

! Erst-klassig

Luxushotels im Kolonialstil

- Hohe Marmorsäulen und Luxus pur bietet das **Alvear Palace Hotel** im Nobelstadtviertel Recoleta in Buenos Aires. › **S. 70**
- Das **Claridge** in Buenos Aires ist ein traditionsreiches und gepflegtes Hotel mit Pool, unweit der Einkaufszone Florida. › **S. 70**
- Der Kuppelbau im französischen Kolonialbaustil des **Hotels Savoy** in Rosario am Río Paraná ist ein Schmuckstück. › **S. 97**
- Dem im Kolonialstil erbauten **Merit Gran Hotel Victoria** in Córdoba wurde sogar ein eigener Tango gewidmet: »Hotel Victoria« von Feliciano Latasa. › **S. 110**
- Der altehrwürdige Hotelaufzug mit seiner traditionellen Gittertür verleiht dem **Park Hyatt** in Mendoza bis heute seinen kolonialen Charme. › **S. 116**

Unterwegs mit Kindern

Kinder sind in Argentinien will-kommen und haben am Flughafen, im Restaurant und in den Unter-künften Vorrang. Trinkwasser *(agua sin gas)* in Plastikflaschen gibt es an Kiosken und in den Supermercados zu kaufen. In den Unterkünften wird auf Anfrage für Kleinkinder ein Kinderbett *(cuna)* zugestellt. Es empfiehlt sich, mit Kindern in gu-ten Unterkünften ab zwei Sternen zu übernachten. Billigunterkünfte und Campingplätze sind sehr ein-fach und nicht immer sicher.

Tiere hautnah erleben

Auf der **Estancia El Manantial de Paso Flores** › S. 139 fühlen sich Kin-der jeden Alters wohl. Brot, Säfte, Fleisch und Salate sind hofeigene Produkte. Kühe, Schafe, Reitpferde, wildlebende Guanakos und patago-nische Strauße sowie das Hallenbad inmitten der Pampa bieten abwechs-lungsreiche Entdeckungs- und Er-lebnismöglichkeiten.

Im Naturreservat **Halbinsel Valdés** › S. 125 leben über 1 Mio. kleine Magellanpinguine, außerdem See-Elefanten, Seelöwen, Guanakos und Strauße. Von Juni bis Dezem-ber kann man Glattwale in der Bucht des Golfo Nuevo beobachten.

Im Urwald des **Nationalparks Cataratas del Iguazú** › S. 103 gibt es für Kinder Tukane, Sittiche, riesige Schmetterlinge und Äffchen zu ent-decken. Ein kleiner Zug fährt zu den Wasserfällen. Kinder ab 12 Jah-ren dürfen an der abenteuerlichen Bootsfahrt teilnehmen.

In den **Esteros del Iberá** › S. 97 gibt es Beobachtungstouren in die Sümpfe, in denen Kaimane, Flussschweine, Affen, Stinktiere, Gürteltiere, Sumpfhirsche und viele verschiedene Vögel leben.

Museen für Kinder

Für Saurierfans unter den Kindern ist das **Museo Paleantológico Egidio Feruglio** › **S. 124** in Trelew ein Highlight. Freitags findet für Kinder von 6–12 Jahren eine Abenteuernacht mit Taschenlampe zwischen Dinos statt, inkl. Abendessen und Frühstück am nächsten Morgen (www. mef.org.ar). Im **Museo Leleque** in El Maitén › **S. 128** ist das Leben der Tehuelche-Indianer anschaulich dargestellt. Im **Glaciarium** (www.glacia rium.com) bei El Calafate › **S. 135** erfahren Kinder alles über Gletscher und das patagonische Eis.

Aktivitäten in der Natur

Bariloche › **S. 130** bietet sich als Ausgangspunkt für **Wanderungen** im Araukarienwald, eine **Sesselliftfahrt** auf den Cerro Campanario und eine **Bootsfahrt** über den See im Nationalpark Nahuel Huapí › **S. 131** an. Für Familien gibt es Holzhäuschen *(cabañas)* mit Kochgelegenheit und Wohnbereich zu mieten. Im Winter (Juli/August) werden auch Kinderskikurse und Skikindergärten angeboten (www.bariloche.com).

Einen **Ausritt** am Sandstrand des Atlantischen Ozeans kann man beispielsweise in Villa Gesell › **S. 73** unternehmen. Die Estancia Buena Vista › **S. 139** lockt mit **Kutschfahrten** über die weiten Weideflächen der argentinischen Pampa und der Möglichkeit, mit den **Gauchos** auszureiten. **Reiten** können Kinder

auch in den Anden im Hochtal von Tafí del Valle › **S. 81**.

Thermalbaden ist für Kinder ab 14 Jahren in den Termas de Cacheuta › **S. 117** bei Mendoza möglich.

Im Februar findet in Junín de los Andes › **S. 134** das **traditionelle Gauchofest** *(Fiesta del Puestero)* statt. Kindern wird ein Mini-Gauchofest geboten (www.patagonia.com.ar).

In Villa General Belgrano › **S. 110** kann man mit Kindern einen Tag im Erlebniswald **El Bosque Encantado de Don Otto** (www.facebook. com/bosque.donotto) mit seinen magischen Häuschen verbringen, die Finca mit Ziegen, Schafen und Guanakos besuchen, auf ausgeschilderten Wegen wandern oder auch Fahrrad fahren.

Im Paläontologischen Museum in Trelew

Im Tangoviertel San Telmo
in Buenos Aires

LAND &
LEUTE

Steckbrief

- **Staatsname:**
  República Argentina –
  Argentinische
  Republik
- **Fläche:**
  2 776 889 km²
- **Hauptstadt:**
  Ciudad Autónoma de Buenos Aires
- **Amtssprache:** Spanisch
- **Einwohner:** 44,3 Mio. (2017 ge-
  schätzt), davon über 13 Mio. im Groß-
  raum Buenos Aires
- **Landesvorwahl:** 0054
- **Währung:** Peso Argentino (ARS)

- **Zeitzonen:** MESZ –5 Std.,
  MEZ –4 Std.

Lage

Argentinien erstreckt sich zwischen dem 21° südlicher Breite und dem Südpol sowie dem 63° und 75° westlicher Länge. Im Norden grenzt Argentinien an Paraguay, im Nordwesten an Bolivien. Das Nachbarland im Westen auf ca. 3700 km Länge ist Chile. Im Nordosten liegen die Grenzen zu Brasilien und Uruguay, im Osten befindet sich die über 5000 km lange Atlantikküste.

Politik

Seit den 1930er-Jahren gab es in Argentinien fünf Militärdiktaturen, die letzte und brutalste von 1976 bis 1983. Über 30 000 Menschen verschwanden; bis heute werden Gräueltaten aus jener Zeit aufgedeckt. Seit dem Rücktritt der Militärjunta 1983 ist die Verfassung von 1853 wieder in Kraft. Das Volk wählt den Staatspräsidenten auf vier Jahre; ei-

ne einmalige Wiederwahl ist seit der Verfassungsänderung von 1994 möglich. Die Legislative obliegt dem Kongress, der aus dem Abgeordnetenhaus und dem Senat besteht. Ersteres wird gewählt; in den Senat entsenden die Provinzen Vertreter. Die 23 argent. Provinzen haben ihre eigene Regierung, der ein Gouverneur vorsteht. Parlamente und Gouverneure werden vom Volk gewählt.

2015 wurde mit der Wahl von Mauricio Macri, Parteivorsitzender der konservativen Propuesta Republicana und seit 2007 Bürgermeister von Buenos Aires, zum Präsidenten das Ende des »Kirchnerismo« eingeläutet. Diese peronistische, auf einem autokratischen Machtkonzept beruhende Politik von Néstor Kirchner (Präsident 2003–2007) und dessen Frau Cristina Fernández de Kirchner (Präsidentin 2007–2015) hatte Argentinien seit 2003 geprägt.

Wirtschaft

Bis in die 1930er-Jahre war Argentinien durch den Export von Rindfleisch und Weizen eines der reichsten Länder der Welt. Auch heute noch bildet die Agrarwirtschaft das ökonomische Rückgrat des Landes. Es exportiert zu 62 % Fleisch(erzeugnisse), Getreide, Soja, Fette, Öle sowie Tierfutter, 31 % Industriegüter und 7 % Brennstoffe und Energie. Aufgrund von Exportbeschränkungen der Regierung und hoher Zölle von bis zu 35 % ist der Export von Getreide, Obst und Gemüse stark zurückgegangen. Seit 2010 ist Soja das wichtigste Exportgut, China dabei der Haupthandelspartner. Deutschland ist mit einem Anteil von etwa 20 % der wichtigste Rindfleischabnehmer. Die Inflationsrate betrug 2016 geschätzte 40 %, ist allerdings 2017 auf 24,8 % gesunken. Die Zahlen sind zwar inzwischen wieder verlässlicher, doch legt der derzeit wieder rapide an Wert verlierende Argentinische Peso höhere Inflationsraten nahe.

Die Arbeitslosenquote beträgt offiziell 8 %, läge aber wesentlich höher, rechnete man die 3,56 Mio. Staatsbediensteten hinzu, deren Zahl in den 12 Jahren Kirchner-Amtszeit um 65 % gestiegen ist.

Seit 2005 hatten durch Exportbeschränkungen und hohe Zölle rund 33 000 Rinderzüchter ihren Betrieb eingestellt, der Rinderbestand war in den 12 Jahren des »Kirchnerismo« um 10 Mio. Tiere gesunken. Die Weizenernte war auf dem niedrigsten Stand seit 100 Jahren. Der mit 47 % von Kirchners Importrestriktionen am meisten betroffene Bereich betraf unter anderem die Lieferungen von Rohstoffen, Zubehör und Ersatzteilen vor allem für die Autoindustrie. Die Staatsausgaben waren in der Kirchner-Ära stark gestiegen, um die Preise künstlich niedrig zu halten.

Der Tourismus ist zur viertwichtigsten Einnahmequelle des Landes geworden – über 1 Mio. Menschen arbeiten in diesem Wirtschaftssektor.

Macris mutige Reformpolitik

Schon kurz nach seiner Amtsübernahme 2015 gab der neue Präsident Mauricio Macri den Devisen- und Kapitalverkehr frei, baute Außenhandelsschranken ab und löste die seit dem Staatsbankrott von 2001 verschleppten Schuldenkonflikte. Für entscheidende Gesetze konnte Macri parteiübergreifende Mehrheiten schmieden, traf aber auch unpopuläre Entscheidungen.

Argentinische Produkte können wieder auf dem Weltmarkt bestehen, doch haben sich für die Argentinier die Lebenshaltungskosten verteuert. Dennoch konnte Macris Parteienbündnis Cambiemos bei den Parlamentswahlen 2017 erhebliche Zugewinne verzeichnen, hat aber in beiden Kammern nach wie vor keine absolute Mehrheit. Macri hofft nun auf einen Wirtschaftsboom, in dessen Folge auch die Einkommen steigen. Sorgenkind bleibt allerdings die noch immer hohe Inflation.

Geschichte im Überblick

Vor der spanischen Eroberung siedelten im Gebiet des heutigen Argentinien zahlreiche Indianerstämme. Ihre gewaltsame Christianisierung und der Feldzug des argentinischen Generals Roca, die *Campaña del Desierto* (1879/1880), haben sie fast ausgerottet.

1516 Juan Díaz de Solís gelangt als erster europäischer Seefahrer an den Río de la Plata. Vier Jahre später umsegelt Ferdinand Magellan den neuen Kontinent im Süden.

1536 Pedro de Mendoza lässt am Südufer des Río de la Plata ein Fort errichten. Wegen wiederholter Angriffe des Indianerstammes der Querandí ist jedoch erst die zweite Gründung von Buenos Aires im Jahr 1580 erfolgreich.

1776 Der spanische König Carlos III. beschließt die Gründung des Vizekönigreiches Río de la Plata mit Buenos Aires als Hauptstadt.

Um 1800 In ganz Lateinamerika entwickelt sich die Unabhängigkeitsbewegung. Die Kolonialmacht Spanien ist geschwächt.

1810 Am 25. Mai setzt ein neu gegründeter Stadtrat in Buenos Aires den spanischen Vizekönig ab. José de San Martín (1778–1850) baut 1815 ein Heer auf, um das Land von den Spaniern zu befreien.

1816 Argentinien erklärt sich auf dem Kongress von Tucumán für unabhängig.

1833 Großbritannien annektiert die *Islas Malvinas* (Falklandinseln).

Bis 1853 ist Argentiniens innenpolitische Lage geprägt von dem Konflikt zwischen Unitariern, den Vertretern des Handelsbürgertums und Befürwortern eines Einheitsstaates, und den Föderalisten, Großgrundbesitzer, die eine weitgehende Autonomie der Provinzen fordern.

Um 1880 Patagonien wird angegliedert. Getreideanbau und Viehzucht florieren, das Land entwickelt sich zur reichen Exportnation. Die Regierung fördert die Einwanderung aus Europa.

1916 Bei den ersten Präsidentschaftswahlen siegt Hipólito Irigoyen. Er führt eine Sozialgesetzgebung ein.

1929 Die Weltwirtschaftskrise stürzt Argentinien ins Chaos. 1930 putscht General Uriburu. In der Folge werden bei manipulierten Wahlen mehrere Militärs als Präsidenten bestätigt. 1944 wird Juan Domingo Perón Sozialminister.

1945 Als letztes Land erklärt Argentinien am 27. März Deutschland und Japan den Krieg.

1946 Perón gewinnt die Wahl zum Präsidenten. Er setzt eine Sozialgesetzgebung durch, die er mit den Profiten aus der boomenden Exportwirtschaft finanziert.

1955 Perón wird gestürzt und begibt sich ins spanische Exil. In der Folgezeit löst eine Junta (Militärregime) die nächste ab.

1966 Das Militär übernimmt die Macht, kann jedoch die Wirtschaftskrise nicht lösen. General Alejandro A. Lanusse leitet die Rückkehr zur Demokratie ein.

1973 Perón kehrt aus dem Exil zurück und tritt erneut die Präsidentschaft an. Nach seinem Tod am 1. Juli 1974 übernimmt seine dritte Frau Isabel das Amt.

1976 Das Militär stürzt Isabel Perón, General Videla errichtet eine blutige Militärdiktatur. Über 30 000 Menschen verschwinden.

1982 Das Militär besetzt die Falklandinseln *(Islas Malvinas),* doch nur sechs Wochen später erobert Großbritannien die Inseln zurück. Die Militärdiktatur ist am Ende.

1983 Raúl Alfonsín siegt bei den Präsidentschaftswahlen. Erstmals prozessieren in Südamerika zivile Gerichte gegen Militärs. 1987 lässt Alfonsín auf Druck des Militärs sämtliche Verfahren einstellen.

1989 Carlos Saúl Menem folgt als Staatspräsident. Er wird im Mai 1995 im Amt bestätigt. Viele staatliche Betriebe privatisiert.

2000 Verhaftung hochrangiger Militärs wegen Verbrechen gegen die Menschlichkeit während der Diktatur.

2003 Néstor Kirchner gewinnt die Stichwahl um das Präsidentenamt.

2005 Wirtschaftliche Konsolidierung und Umschuldung des Staatsdefizits. Aufhebung der Amnestiegesetze aus der Ära Alfonsín.

2006 Gründung der peronistisch-kirchnerischen Gruppe »La Cámpora«.

2007 Cristina Fernández de Kirchner wird mit 44 % der Stimmen neue Staatspräsidentin.

2008 Cristina F. de Kirchner scheitert mit ihrem Vorhaben, die Exportsteuer für Agrarprodukte von 30 % auf über 50 % zu erhöhen. Die Regierung enteignet den spanischen Hauptaktionär der Aerolíneas Argentinas.

2009 Die Kirchner-Regierung verstaatlicht private Pensionsgelder von 11 Mio. Anlegern. Daraufhin verliert ihre Partei (PJ) im Juni bei den Parlamentswahlen die Mehrheit. Der Anteil armer Menschen an der Gesamtbevölkerung steigt von 26,9 % im Jahr 2003 auf 39 % im Jahr 2009.

2010 Néstor Kirchner stirbt überraschend in El Calafate.

2011 Cristina F. de Kirchner wird als Präsidentin wiedergewählt.

2012 Verstaatlichung der Erdölfirma YPF.

2014 Argentinien bedient zum zehnten Mal in seiner Geschichte und zum zweiten Mal seit 2001 seine Gläubiger nicht mehr und geht in »Default«.

2015 Mauricio Macri, Bürgermeister von Buenos Aires und Politiker der konservativen Partei Propuesta Republicana (PRO), gewinnt die Präsidentschaftswahlen gegen den Kandidaten des »Kirchnerismo«. Macri beginnt eine ambitionierte wirtschaftsliberale Reformpolitik.

2017 Cambiemos, das liberal-konservative Parteienbündnis von Macri, verzeichnet erhebliche Zugewinne bei den Parlamentswahlen, verfehlt aber in beiden Kammern die absolute Mehrheit.

2018 Argentinien übernimmt den G-20-Vorsitz.

Natur & Umwelt

Die Hauptmotive für eine Reise nach Argentinien sind für viele die landschaftliche Schönheit und die Vielfalt der Tier- und Pflanzenwelt.

Die unbesiedelten Gebiete scheinen endlos, die Berge sind höher, die Flüsse breiter und länger als in Europa, und die Gletscher im Nationalpark Los Glaciares bilden die größte kontinentale Eisfläche der Welt.

Im nordwestlichen Chaco dominieren immergrüner Trockenwald und Dornengewächse. Der *Quebracho*-Baum bestimmt das Landschaftsbild. In der Puna und im Hochgebirge im Nordwesten wächst bis auf 3200 m Höhe niedriger Buschwald. In den höheren Gebieten bedecken Kakteen, Moose und trockene Grasbüschel den kargen Andenboden. Guanakos und Lamas, die zur Familie der Kleinkamele gehören, wilde Esel, Füchse, Adler, Kondore und Papageien leben in der Puna. Östlich der Puna liegen die subtropischen Feuchtwälder. Die Baumriesen sind mit Moosen, Flechten und Aufsitzerpflanzen überwuchert; viele Orchideen und Bromelien haben hier ihren Lebensraum. Die dichten Wälder durchstreifen Affen, Tapire und Jaguare. Die Provinz Misiones im Nordosten liegt im Gebiet der subtropischen Regenwälder. Charakteristisch sind Zedern, Palmen, der bis zu 20 m hohe *Lapacho*-Baum und der *Ilex paraguariensis,* besser bekannt als *hierba mate* oder *yerba.* Aus seinen Blättern wird der Mate-Tee › S. 48 gewonnen.

Die natürliche Tier- und Pflanzenwelt hat sich im Kerngebiet Argentiniens, der Pampa, durch menschliche Eingriffe stark verändert. Der Pampahirsch ist inzwischen fast ausgestorben, während Säuger wie Stink- und Gürteltiere häufiger vorkommen.

Die patagonische Strauch- und Wüstensteppe ist ein unwirtlicher Landstrich mit Geröllfeldern aus der Eiszeit, der über Hunderte von Kilometern

SEITENBLICK

Der Río de la Plata

»Silberfluss« (von span. *plata* – Silber) nannten die ersten Spanier die riesige, durch Ebbe und Flut beeinflusste Mündungsbucht von Río Uruguay und Río Paraná. Sie träumten davon, über diesen »Fluss« einen Zugang ins »Silberland« Argentinien (lat. *argentum*) zu finden.

An seiner schmalsten Stelle, dort, wo Río Paraná und Río Uruguay aufeinandertreffen, ist er 50 km breit, am Übergang ins offene Meer misst er stolze 200 km. An der tiefsten Stelle vor der Mündung des Río Uruguay ist er nur 25 m tief. Die enormen Schlammmengen aus den Zuflüssen färben das Wasser des Río de la Plata braun. Die wichtigsten Schifffahrtswege müssen fortwährend mit hohem Aufwand freigebaggert werden.

Bizarre Felsformationen in der Cafayate-Schlucht im Tal des Río de las Conchas

hinweg mit Trockenbüschen und Gräsern bewachsen ist. Nur in den Anden gedeihen Südbuchen und in höheren Lagen sommergrüner Bergwald. Die Tierwelt ist vielfältig: Es gibt Guanakos, Füchse, den patagonischen Hasen (*mara*) und Nandus. An der Atlantikküste leben See-Elefanten, Seelöwen, Magellanpinguine und Wale. Auf der Insel Feuerland endet die Anden-Bergkette. Büsche und Sträucher bedecken den morastigen Boden der Insel zwischen Magellanstraße und Kap Hoorn; die Baumgrenze liegt bei 600 m.

Naturschutzgebiete

Im ganzen Land wurde inzwischen eine Vielzahl von Schutzzonen und Nationalparks eingerichtet, die nicht alle denselben Status haben. Es gibt nationale Schutzgebiete (*Reservas Nacionales*) und *Parques Provinciales*, die den Provinzen unterstehen. Andere sind als Naturdenkmäler (*Monumentos Naturales*) ausgewiesen.

Die Menschen

Die Bevölkerung Argentiniens ist eine Mischung einheimischer Kulturen mit Einwanderern, die hauptsächlich aus Europa kamen.

Im La-Plata-Gebiet, Großraum Buenos Aires und Santa Fé leben vornehmlich Nachfahren italienischer Einwanderer. Argentinier sind stolz und warmherzig und halten etwas auf ihr Äußeres. Man begrüßt sich mit einem Wan-

Fröhliche Bäckerin in Belén

genkuss, und Männer umarmen sich schulterklopfend. Argentinier reden gern etwas lauter, gestikulieren und haben es meist »besonders wichtig«. Sie sind gesellig, lieben ihre Familie, haben bestimmt Vorfahren irgendwo in Europa, worauf sie stolz sind, und sind sehr gastfreundlich.

Argentinien war und ist immer noch ein Einwanderungsland. Während in den 1920er- und 1930er-Jahren viele Europäer ins Land kamen, sind es nun Immigranten aus Bolivien, Paraguay, Peru und China. Die kleinste Bevölkerungs-

Deutsche in Argentinien

Die ersten Deutschen, die nach Argentinien kamen, waren Jesuitenpater, unter ihnen der 17-jährige Florian Paucke, der im Jahr 1735 kam und wichtige Aufzeichnungen über die Guaraní-Indianer hinterließ.

1798 segelte die Hamburger Bark »Der Weiße Fuchs« als erstes deutsches Schiff mit Waren nach Buenos Aires. Im Jahr 1878 bekamen 1100 Wolgadeutsche Land in den Provinzen Santa Fé und Entre Ríos und pflanzten Weizen an, was dazu beitrug, dass sich Argentinien zu einer der wichtigsten Kornkammern der Welt entwickelte.

In den 1920er-Jahren kamen durch die Weltwirtschaftskrise viele Einwanderer aus Süddeutschland, die in den Provinzen Misiones und Corrientes siedelten. Carlos Gesell kaufte im Jahr 1931 einen 11 km langen Küstenstreifen am Atlantik und legte den Grundstein für den Badeort Villa Gesell. 1932 gründete Dr. Cabjolsky in den Bergen von Córdoba die Dörfer La Cumbrecita und Villa General Belgrano, wo alljährlich das berühmte »Oktoberfest« stattfindet.

Nach der Machtergreifung Hitlers flüchteten jüdische Familien nach Argentinien. 1939 nahm die argentinische Regierung über 1000 Seeleute des versenkten Panzerschiffes »Admiral Graf Spee« als Kriegsgefangene auf. Nach Ende des Zweiten Weltkriegs folgten Nazis und viele, die durch den Krieg in Deutschland oder ehemals ostdeutschen Gebieten alles verloren hatten.

Deutsche haben die Geschichte des Einwanderungslandes Argentinien mitgeprägt. Ihr Sprachrohr ist die 1888 gegründete deutschsprachige Zeitung »Argentinisches Tageblatt« (www.tageblatt.com.ar). Heute leben in Argentinien etwa 1,5 Mio. Deutsche und Nachfahren deutscher Einwanderer.

gruppe des Landes, etwa 450 000 Menschen, sind Nachfahren der Ureinwohner Argentiniens. Etwa ein Drittel der Argentinier lebt im Großraum Buenos Aires.

Religion

Die spanischen Eroberer kamen im Auftrag der katholischen Kirche und brachten Missionare mit, die die Ureinwohner christianisierten. Der Katholizismus ist Staatsreligion in Argentinien. Präsident werden kann nur, wer katholisch ist. Im Nordwesten des Landes wird *Pachamama* (Mutter Erde), die aus dem Glauben der Ureinwohner kommt, auch in katholischen Riten verehrt. Religiöse Minderheiten sind Protestanten und Juden.

Identität und Gesellschaftsstruktur

Dios está en todos lados, pero la oficina está en Buenos Aires (Gott ist überall, aber das Büro befindet sich in Buenos Aires) – damit beschreibt ein *porteño* (Bewohner von Buenos Aires) in seiner überheblich liebenswürdigen Art die Wichtigkeit, die für ihn seine Stadt hat. Die Argentinier sind stolz auf ihr Land und ihre meist europäischen Vorfahren. Sie träumen vom kulturellen Vorbild Europa und sind bestrebt, sich und ihr Land vorwärtszubringen. Die Familie steht im Mittelpunkt, wobei die Rollen meist streng verteilt sind: Die Männer haben das Sagen bei Themen wie Politik und Wirtschaft, bei nahezu allen familiären Fragen hingegen sind die Frauen zuständig. Während sie für den Zusammenhalt in der Familie sorgen und die Ansprüche erfüllen müssen, die der Ehegatte an sie stellt, haben die Männer die Aufgabe *bien macho*, stolz und gebieterisch, zu sein.

Kunst & Kultur

Die Völker in Mittel- und Südargentinien lebten bis zur Kolonialisierung als Nomaden. Ihre Kultur ist in Höhlenzeichnungen im Talampaya-Nationalpark und in der Cueva de las Manos festgehalten.

Im Nordwesten standen bereits vor 1000 Jahren Siedlungen, die von den Inkas (wie in der Quebrada de Humahuaca) zu Stützpunkten *(pucarás)* ausgebaut wurden.

Architektur

Der Kolonialstil entwickelte sich in Argentinien vom 16. bis ins 19. Jh. Die meist zweistöckigen Wohnhäuser sind hufeisenförmig um einen Innenhof, den *patio*, gebaut und haben mit Holzläden versehene hohe Fenster. Die Städte wurden von den Spaniern im Schachbrettmuster mit einem unbe-

Das *cabildo* an der Plaza de Mayo
in Buenos Aires

bauten Block in Form einer Plaza in der Mitte angelegt. Diese ist von den wichtigsten öffentlichen Einrichtungen wie beispielsweise der Kathedrale, dem *cabildo* (Rathaus) und Regierungspalästen sowie von Palästen der einflussreichsten Familien umgeben. Von der Plaza gehen Straßenzüge aus, die einander senkrecht kreuzen und nach 100 Hausnummern auf Querstraßen treffen, den sogenannten *avenidas*.

Malerei

Die besten Maler ab 1850 waren **Eduardo Sívori** (1847–1918) und **Ernesto de la Cárcova** (1866–1927), dessen Bild »Sin Pan y Sin Trabajo« (Ohne Brot und ohne Arbeit) zu den bekanntesten des Landes gehört. Sozialen Themen wandten sich in den 1920er- und 1930er-Jahren **Lino Eneas Spilimbergo** (1896–1964) und **Benito Quinquela Martín** (1890–1977) zu. Dieser wohl populärste Maler des Landes lebte in La Boca, dem Hafenviertel von Buenos Aires, und malte dort das Leben der einfachen Leute. Viele seiner Werke kann man im Museo de Bellas Artes de La Boca › **S. 67** besichtigen. Nach dem Zweiten Weltkrieg machten einige moderne Künstler von sich reden, wie z. B. **Julio le Parc**, der 1966 auf der Biennale in Venedig den Preis für Malerei erhielt.

› **S. 67**

SEITENBLICK

Evita

Die Legende Argentiniens wurde 1919 im Pampadorf Los Toldos als Eva Duarte geboren. Sie brachte es in Buenos Aires zu einem eigenen Radioprogramm und traf 1944 den aufstrebenden, doppelt so alten Sozialminister Juan Domingo Perón, den sie heiratete. Zwei Jahre später wurde Perón Präsident von Argentinien. Er bemühte sich um sozialen Ausgleich und politische und wirtschaftliche Souveränität. Unter Perón gab es erstmals eine Wirtschaftsplanung und Reformen im Sinne der Arbeiter: Lohnanpassungen, feste Arbeitszeiten, Renten, Unfall- und Krankenschutz. Zwischen 1945 und 1948 stieg der Reallohn um 50 %. Evita unterstützte die Politik ihres Mannes medienwirksam. Sie verhalf dem Frauenwahlrecht zur Einführung (1947), vergab hohe Posten an Familienmitglieder und leitete das Regierungsbüro für Arbeit und Wohlfahrt, was sie beim Volk beliebt machte.

Sie starb am 27. Juli 1952 mit 33 Jahren an Krebs. Hunderttausende hielten Totenwache. »Weine nicht um mich, Argentinien, denn ich bleibe dir ganz nah«, lautet ihre Grabinschrift auf dem Friedhof von Recoleta in Buenos Aires.

Theater, Musik, Film

Der erste wichtige Dramatiker im Land war der gebürtige Uruguayer **Floren-cio Sánchez** (1875–1910) mit »Mi Hijo el Doctor« (Mein Sohn, der Herr Doktor). Zu den populärsten Theaterautoren im 20. Jh. zählen **Germán Rozenmacher** (1936–1971) und **Roberto Arlt** (1900–1942).

Der Tango ist die typische Musik Argentiniens. Aber auch Folkmusiker wie der Gitarrist **Atahualpa Yupanqui** (1908–1992) und die Sängerin **Merce-des Sosa** (»La Negra«; 1935–2009) sind Idole, die landauf, landab gehört werden. **50 Dinge** ㉝ › **S. 16**. Als erfolgreichster Rockmusiker füllt **Charly García** (geb. 1951) mühelos Stadien. Eine beliebte Cumbia-Band ist Trinidad mit Sänger **Leo Mattioli** (geb. 1972).

Mit Filmen wie »Sur« (Süden) und »El Viaje« (Die Reise) wurde **Fernando E. Solanas** als Regisseur bekannt, während das alltägliche Überleben in Zeiten der Wirtschaftskrise ein bevorzugtes Thema heutiger Filmemacher ist: **Juan José Campanella** landete mit »Der Sohn der Braut« (2002) auch in Europa einen Achtungserfolg; **Gabriela David** gibt sich in »Taxi – Eine Nacht in Buenos Aires« (2001) typisch argentinischer Schwermut hin. Im Jahr 2010 gewann »El secreto de sus ojos« (In ihren Augen) von **Juan José Campanella** den Oscar zum besten fremdsprachigen Film.

Literatur

Zwei typische Autoren des 19. Jhs. sind **Domingo F. Sarmiento** (1811–1888) und **José Hernández** (1834–1886). **Jorge Luis Borges** (1899–1986) wurde als Lyriker, Erzähler und Essayist berühmt. **Julio Cortázar** (1914–1984) schrieb die Romane »Los Premios« (»Die Gewinner«; 1960, dt. 1966), eine vielschichtige Satire auf die argentinische Gesellschaft, und »Rayuela« (1963, dt. 1981), eine Geschichte über Sprache und Erkenntnis. **Ernesto Sábato** (1911 bis 2011) machte sich als Herausgeber der Dokumentation »Nunca más« (»Nie wieder«; 1986, dt. 1987) über die Menschenrechtsverletzungen während der Militärdiktatur einen Namen. **Manuel Puig** (1932–1990) wurde durch die Verfilmung seines Romans »El Beso de la Mujer Araña« (»Der Kuss der Spinnenfrau«; 1976, dt. 1979) berühmt. Der ambitionierte Roman »Las viudas de los jueves« (»Die Donnerstagswitwen«; 2005, dt. 2010) von **Claudia Pineiro** (geb. 1960) wurde auch in Deutschland ein Bestseller.

Feste & Veranstaltungen

Argentinien hat gleitende Feiertage. Fällt der Feiertag auf einen Montag, Dienstag oder Mittwoch, so ist der Montag der Woche arbeitsfrei; fällt er auf einen Donnerstag oder Freitag, wird am Montag der Folgewoche nicht gearbeitet. So ergibt sich immer ein langes Wochenende.

Glamouröses Karnevalsfest in Gualeguaychú / Provinz Entre Ríos

Festkalender

Januar: Fiesta Nacional del Cordero (Lammfest) in Puerto Madryn / Chubut; **Fiesta Nacional del Folklore**. Größtes Folklorefestival Lateinamerikas in Cosquín / Córdoba; **Ralley Dakar.**

Februar: Festival de Rock in Cosquín / Córdoba; **Fiesta Nacional del Carnaval Argentino** in Corrientes; **Fiesta Nacional del Lúpulo** (Hopfenfest) in El Bolsón / Río Negro; **Fiesta de la Pachamama** zu Ehren der Mutter Erde in Amaichá del Valle / Tucumán.

Januar/Februar/März: An ausgewählten Samstagen findet in Gualeguaychú / Entre Ríos um 21.30 Uhr ein glamouröser **Karneval** statt (www.carnavaldelpais.com.ar).

März: Fiesta Nacional de la Vendimia. Im argentinischen Herbst wird in Mendoza ein 3-tägiges Weinlesefest gefeiert, mit großem Abschluss im Stadion.

April: Ostern. Die Feiertage dauern von Karfreitag bis Ostersonntag und werden landesweit mit Prozessionen und Passionsspielen begangen.

1. Mai: Tag der Arbeit.

25. Mai: Nationalfeiertag.

20. Juni: Tag der Nationalflagge. Inti Raymi. Sonnwendfeier der Inkas in Mai-mará / Jujuy; **Tradiciones Gauchas**. Großes Gauchofest in Salta; **Fiesta Nacional de la Noche más Larga**. Musikfestival zur längsten Nacht des Jahres in Ushuaia / Tierra del Fuego.

9. Juli: Tag der Staatsgründung. Fest der Alpenmilchschokolade. Alpenländisches Brauchtum in Villa General Belgrano / Córdoba; **Festival del Vino y de la Copa**. Weinfest in La Rioja.

17. August: Todestag San Martíns. Fiesta Invernal de la Cerveza. Bierfest in Villa Gesell / Buenos Aires.

September: Feria Internacional. Internationale Ausstellung in Córdoba; **Fiesta del Inmigrante**. Einwandererfest in Oberá / Misiones.

12. Oktober: Kolumbustag. Traditionelles Oktoberfest. In Villa General Belgrano / Córdoba.

November: Semana de la Tradición. Berühmtes Gauchofestival (um den 10. des Monats) in San Antonio de Areco / Prov. Buenos Aires; **Fiesta Nacional del Vino Torrontés**. Torrontés-Weinfest in Cafayate / Prov. Salta.

25. Dezember: Weihnachten. Fiesta Nacional del Chamamé. Argentinisches Folklorefestival in Corrientes.

Essen & Trinken

Fleischgerichte

Rindfleisch aus Argentinien ist weltberühmt. Die Argentinier selbst essen davon am meisten, und ein argentinischer *asado* ist mehr ein Ritual als nur ein Grillfest. Er besteht aus einer festgelegten Abfolge von Rinderspezialitäten, die auf der Glut des offenen Feuers gegrillt werden: Zuerst werden gewürzte Bratwürste *(chorizos)*, Blutwurst *(morcilla)*, Bries *(mollejas)*, Därme vom Milchkalb *(chinchulines)* oder Nieren *(riñones)* gereicht. Danach erst kommen die Fleischköstlichkeiten wie Rippen *(asado de tira)*, Rindfleisch ohne Knochen *(pulpa)*, Lende *(lomo)* und Rumpsteak *(bife de chorizo)* auf den Tisch. Dazu gibt es Weißbrot und Salat.

Hamburguesas (Hamburger) und *milanesas* (paniertes Schnitzel) gibt es fast überall. Letzteres kann auch paniertes Huhn *(milanesa de pollo)* sein. Es wird entweder im Brötchen mit Tomate und grünem Salat *(sandwich de milanesa con tomate y lechuga)* oder mit Pommes frites *(papas fritas)* serviert.

Der *puchero* (Eintopf) enthält neben verschiedenen Fleischsorten auch Kartoffeln, Möhren, Kürbis und Mais.

Vegetarisches

Auch für Vegetarier bietet Argentinien Frisches aus dem eigenen Land. Die gängigsten Gemüsesorten sind *zapallo* (Kürbis) und *acelga* (Mangold), die mit *puré de papa* (Kartoffelpüree) gereicht werden. Ein *ensalada mixta* (gemischter Salat) besteht aus grünem Salat mit Tomaten und Zwiebeln. Im *ensalada completa* sind zwei weitere Salatsorten enthalten. In Argentinien können Beilagen fast immer zu einem eigenen Gericht zusammengestellt werden.

Typisch argentinische Küche

••••••••••••••••••••••••••••••••••••••

- Der **Palacio de la Papa Frita** (»Pommes-Palast«) in Buenos Aires bietet typische argentinische Tellergerichte wie die *ravioles de zapallo* (Ravioli mit Kürbisfüllung) oder *bife de lomo con papas fritas* (Rumpsteak mit Pommes). › **S. 64**

- Das **El Obrero**, ein Clásico Bodegón im Hafenviertel La Boca von Buenos Aires, ist Treffpunkt für ausgelassene argentinische Tafelfreuden quer durch alle Gesellschaftsschichten. › **S. 67**

- Die Spezialität im Restaurant **La Rueda 1975** in Puerto Iguazú ist *surubí a la parrilla*, Fisch aus dem Río Paraná vom Grill mit Gräten so groß wie Kotelettknochen. › **S. 103**

- Im Restaurant **La Tablita** in El Calafate sollte man unbedingt *asado de cordero* probieren – Lammgrillfleisch vom Feinsten. › **S. 136**

Der argentinische Eintopf *locro*

Getränke

Argentinier trinken zum Essen stets ein *agua* (Wasser) *con/sin gas* (mit/ohne Kohlensäure) und meist einen *vino tinto* (Rotwein) › **S. 50**. Softdrinks *(gaseosas)* bekommt man in jedem Restaurant, z. T. auch Fruchtsäfte vom Río Negro oder das campariähnliche, alkoholfreie Getränk *terma cuyano* aus Kräutern der Anden (www.terma.com.ar). In Argentinien wird auch sehr gutes Bier gebraut › **S. 135**. *Quilmes, Budweiser* und *Isenbeck* sind gängige Marken.

Frühstück & Nachspeisen

Ein typisches Frühstück besteht aus einer Tasse *café* (schwarzer Kaffee) und *medialunas* (Halbmonde aus Hefeteig) *saladas* (gesalzen) oder *dulce* (süß) mit *mermelada* (Marmelade) und *manteca* (Butter).

Dulce de leche, die süße Karamellcreme, verfeinert viele Nachspeisen. Aus Spanien kommt das Dessert *queso con dulce,* eine dicke Scheibe Käse mit Quitten- oder Kürbisgelee.

Regionale Küche

Regionale Spezialitäten findet man v. a. im Norden des Landes. Die *empanadas salteñas* (Teigtaschen aus Salta) werden mit Fleisch, Mais, Käse oder Schinken gefüllt. In der Provinz Jujuy wird auch Lamafleisch angeboten. Dem Eintopf *locro* – aus Mais, Rindfleisch, Kartoffeln, Kürbis und Süßkartoffeln – gibt die scharfe Soße des Hauses die besondere Würze. In Mesopotamia, zwischen Río Paraná und Río Uruguay, sind gegrillte Flussfische

SEITENBLICK

Mate – mehr als ein Tee

Hierba mate oder *yerba* heißt die Pflanze, aus der die Argentinier ihr Lebenselixier gewinnen. Es ist ein bis zu 10 m hohes Stechpalmengewächs. Seine Blätter und Triebe werden über dem Feuer getrocknet und zerrieben.

Mate ist gesund; er schmeckt etwas bitter, stabilisiert den Kreislauf, enthält viel Vitamin C und stillt den Hunger. Die Zubereitung und der Genuss des Mate ist Kult: Das grüne Pulver wird in eine Kalebasse gegeben und aufgebrüht. Darin steckt ein Röhrchen *(bombilla),* an dem gesogen wird. Jeder, der an der Mate-Zeremonie teilnimmt, saugt seine Portion leer und gibt dann die Kalebasse zurück. Der Vorgang wird so oft wiederholt, bis der Sud keinen Geschmack mehr hat.

(dorado und *surubí)* eine Speziali-tät. In Patagonien und Feuerland werden Forellen *(truchas)* oder Meeresfische *(pejerei)*, Muscheln *(mariscos)*, Seeigel *(erizo)*, außer-dem Tintenfische *(pulpo)*, Langus-ten *(langostinas)* und Krebse *(can-grejos)* verzehrt.

Shopping

Ein Abstecher in einen der *super-mercados* **in Buenos Aires lohnt sich schon allein wegen der großen Auswahl an Mate.**

In Buenos Aires ist sonntags ein Be-such des Flohmarkts angesagt an der Plaza Dorrego › **S. 66**, samstags, sonntags und an Feiertagen auch an der Plaza Francia › **S. 69**.

Beim Einkaufsbummel immer nur das nötigste Bargeld in der vorderen Hosentasche am Körper tragen und Dokumente im Hotelsafe lassen!

Die **Weingüter** Argentiniens › **S. 51** bieten ihre Weine fluggerecht ver-packt an. In Puerto Madryn lohnt ein Abstecher in die **Textilwerkstatt EK** › **S. 125** von Elba Kremer und zu den **Gold- und Silberschmieden**. In Bariloche › **S. 130** findet man inter-essante Literatur über Patagonien und eine große Auswahl an gut ge-arbeiteten **Leder- und Wollprodukten**. Wer eine echte **Gauchohose** (*bom-bacha*) haben möchte, sollte sie sich am besten in El Calafate, z.B. bei Cruz del Sur › **S. 136**, kaufen.

! Erst-klassig

Die schönsten Märkte

• Der bekannteste **Flohmarkt** Argentiniens findet sonntags in Buenos Aires im Tangoviertel San Telmo auf der Plaza Dorrego statt. Die Hauptattraktion sind die auf der Straße Tango tanzen-den Paare jeden Alters. › S. 66

• In der **Markthalle** von Salta fin-det man regionale Gerichte, Obst und Weine der Provinz in Hülle und Fülle. › S. 87

• Im alten Bahnhofsgebäude des Andendorfes Volcán in der Huma-huaca-Schlucht bieten die Be-wohnerinnen der umliegenden Dörfer täglich ihre **handgefer-tigten Strick-, Web- und Kera-mikarbeiten** zum Verkauf an. › S. 89

• An der Flussuferstraße des Vier-tels La Florida in Rosario liegt der **Fischmarkt**, wo frische Pracht-exemplare von Flussfischen wie *dorado, boga* und *surubí* verkauft werden. › S. 97

• Auf der Plaza 9 de Julio der Stadt Posadas (Misiones) bieten täg-lich Guaraníes eigens aus Schilf-rohr gefertigtes **Kunsthandwerk** wie geflochtene Körbe und kleine Jesuskreuze an. › S. 98

• In El Bolsón findet viermal wö-chentlich auf der Plaza Pagano ein **Lebensmittel- und Kunst-handwerkermarkt** statt. Der Markt wurde in den 1970er-Jah-ren von Hippies ins Leben geru-fen. › S. 129

Argentinische Weine

Im 15. und 16. Jh. brachten Missionare die ersten Rebstöcke nach Argentinien. Später, im 19. Jh., wurden edle Rebsorten wie Malbec, Cabernet Sauvignon und Merlot aus Europa nach Argentinien eingeführt. Argentinische Weine gehören zu den besten der Welt. Die traditionellen Weingüter und Anbaugebiete liegen in den Provinzen Mendoza › S. 115, Salta › S. 86, La Rioja › S. 113, San Juan › S. 114, Córdoba › S. 109 und Río Negro.

Rotweine

- **Malbec**: Eingeführt im Jahr 1868 durch den Franzosen Michel Pouget aus Bordeaux. Da die Blüte wenig frostresistent ist, ist die Malbec-Rebe in ihrer Heimat fast ausgestorben. In Argentinien dagegen wurde sie zur wichtigsten Traube des Landes. Argentinischer Malbec gehört zu den besten der Welt.
- **Bonarda**: Diese Weinrebe wurde in ihrer Heimat Piemont von der Reblaus vernichtet. In den Provinzen Mendoza (San Rafael und Maipú) und San Juan gedeiht sie bis heute.
- **Cabernet Sauvignon**: Eine traditionelle Bordeaux-Traube.
- **Syrah**: Man schätzt, dass Syrah ursprünglich aus Syrien stammt. Seit gut zehn Jahren wird die Traube erfolgreich im heißen Klima Argentiniens angebaut.
- **Merlot**: Diese Bordeaux-Traube wächst am besten in den kühleren Regionen Río Negro und Valle de Uco.
- **Tempranillo**: Von der typisch spanischen Rebsorte aus Rioja hat man in Argentinien alte Rebstöcke entdeckt, die wahrscheinlich

von spanischen Einwanderern gepflanzt wurden.
- **Pinot noir**: Die aus dem französischen Burgund stammende Traube gedeiht im Valle de Uco.

Weißweine

- **Torrontés riojano**: Die alte spanische Sorte ist in ihrer Heimat fast verschwunden. Sie genießt in Argentinien quasi Exklusivität und wird in ihrer Urform in La Rioja und Salta angebaut.
- **Chardonnay**: Die aus Burgund stammende Rebsorte gedeiht in Mendoza und Río Negro.
- **Chenin blanc**: Aus dem Loire-Tal stammt diese seltene Traube, die in San Rafael angebaut wird.
- **Ugni blanc**: In ihrer Heimat Italien heißt die Rebsorte Trebbiano.
- **Sauvignon blanc**: Die französische Traube gedeiht im Valle de Uco.

Mendoza

Knapp 70 % der hochwertigen Weine *(vinos finos)* werden in der Provinz Mendoza produziert. Ein Viertel der 28,51 Mio. Zentner gelesenen Weintrauben im Jahr 2013 kam aus der Provinz San Juan, der Rest aus La Rioja, Catamarca, Salta, Río Negro und Neuquén.

Die Weinbaugebiete Mendozas sind in vier Regionen unterteilt: Mittlerer Westen (Godoy Cruz, Guaymallén, Luján de Cuyo, Maipú), Süden (San Rafael, General Alvear und Malargüe), Osten (San Martín, Junín, La Paz, Santa Rosa, Rivadavia) und Südwesten (Valle de Uco). Sie erstrecken sich auf einer Gesamtfläche von 148 827 km² am

Fuße der Anden. Ursprünglich war dieses Gebiet Wüste, doch bereits als die Spanier im Jahr 1561 mit Pedro del Castillo eintrafen, fanden sie Bewässerungsgräben der einheimischen Huarpe-Indianer vor. Bis heute wird das Wasser der drei Anden-Gebirgsflüsse Río Mendoza, Tunuyán und Diamante zur Bewässerung der Weinreben in weit verzweigte Kanäle abgeleitet.

Die Anbaugebiete Mendozas liegen auf 450 bis 1200 m Höhe; die Weingüter können besucht werden (Tour de Vino › S. 108).

Weingüter

Eine kleine Auswahl namhafter argentinscher Weingüter:
- **Bodega La Rural** [C8]
  Seit 1885, 263 ha Anbaufläche, Weinmuseum, prämierter Malbec.
  Maipú | Montecaseros 2625
  Coquimbito
  Tel. (0261) 497 2013
  www.bodegalarural.com.ar
- **Bodegas Trapiche** [C8]
  Seit 1883, 1075 ha Anbaufläche, Lagerkapazität 5 Mio. Liter Wein, prämierter Malbec. **50 Dinge** (30) › S. 15.
  Maipú | Nueva Mayorga s/n
  Coquimbito | Tel. (0261) 520 7605
  www.trapiche.com.ar
- **Schroeder** [D12]
  Seit 2001, 120 ha Anbaufläche, prämierter Malbec. **50 Dinge** (18) › S. 14.
  Mit Hotel und Restaurant.
  Neuquén
  San Patricio del Chañar Calle 7 Norte Ruta 7
  Tel. (0299) 489 9600/01
  www.familiaschroeder.com

Die Iguazú-Wasserfälle im Nordosten,
an der Grenze mit Brasilien

TOP-TOUREN & SEHENS-WERTES

BUENOS AIRES

Kleine Inspiration

- **Eine feierliche Messe besuchen** in der Catedral Metropolitana und vorher noch den Blumenmosaikboden bestaunen › S. 60
- **Am Nullpunkt Argentiniens stehen** auf der Plaza de los Dos Congresos und sich in die Größe des Landes hineinträumen › S. 62
- **Die »Bohemia« von Buenos Aires beobachten** in einer der kleinen Bars auf der Avenida Corrientes › S. 62
- **Eines der Tangolokale besuchen** im Stadtteil San Telmo › S. 66
- **An den bunten Häusern bis zur Flussmündung entlang-spazieren** auf dem El Caminito in La Boca › S. 67
- **Bummeln** durch das schicke Viertel Palermo Chico › S. 70
- **Am großartigen Asado-Essen teilnehmen** auf einer der etwa 80 km von Buenos Aires entfernten Estancias › S. 72

Die Metropole ist der Dreh- und Angelpunkt des Landes – weltberühmt für ihre kolonialen Prachtbauten und die Tangokultur in den Hafenvierteln am Río de la Plata.

Über 75 km zieht sich die Capital Federal Buenos Aires entlang dem 120 km breiten Fluss Río de la Plata, bevor dieser in den Atlantik mündet. Ein Drittel der Argentinier lebt in der 13-Millionen-Stadt. Sie sind die *porteños,* abgeleitet von *puerto,* dem Hafen von Buenos Aires, in dem die ersten Einwanderer aus Europa ankamen. Hier wurde der Tango argentino geboren, hier laufen alle Fäden des Landes zusammen. Die Estancieros (Großgrundbesitzer) etwa treffen sich in den schicken Restaurants, um ihre Agrargeschäfte zu machen. Nach Buenos Aires strömen aber auch arme Landarbeiter aus den Provinzen, um ein besseres Leben und Arbeit in der Stadt zu finden.

Wer in Buenos Aires arbeitet, fährt meist über eine Stunde vom Apartment oder vom Haus im bewachten *barrio* (Stadtteil) im Außenbezirk ins Zentrum. Die Stadtbusse *(colectivos)* und Taxis stauen sich in der Hauptverkehrszeit hupend auf den Avenidas. Wenn es morgens langsam heiß wird und die Stadt zu pulsieren beginnt, flanieren die Touristen gemütlich durch die Fußgängerzone Florida oder setzen sich auf eine Parkbank auf der Plaza de Mayo. Die *porteños* treffen sich derweil zum Geschäftstermin in der

Farbenfroh und lebhaft ist La Boca

Bar eines Fünfsternehotels, er im schwarzen Anzug, sie im engen, dunklen Kostüm. Nebenan poliert der einfache *chico* (Junge) aus dem Armenviertel die Messingverzierung der mächtigen Bürohaustür. Zwei Tangotänzer machen sich eng umschlungen nach durchtanzter Nacht auf den Heimweg. Der Barbesitzer zieht die schweren Rolladengitter hoch und fegt mit einem struppigen Plastikbesen Zigarettenstummel zusammen. Aus dem Hintergrund erklingt erst Tango, dann die hektische Stimme des Radiosprechers, der ein Fußballspiel der »Boca Juniors« moderiert. Dies alles ist *mi querido* (mein geliebtes) *Buenos Aires,* wie es schon der Tangosänger Carlos Gardel besungen hat.

Das historische Stadtzentrum *(Centro Histórico)* mit seinen Stadtvierteln San Nicolás und Montserrat und die Tangoviertel San Telmo und La Boca liegen am Río de la Plata. Hier schlägt das Herz von Buenos Aires. Mit der Besichtigung dieser Stadtviertel beginnt jede Argentinienreise. Falls man mehr Zeit für die Stadt hat, lohnt sich ein Spaziergang durch die Botschafts- und Palastviertel Recoleta und Palermo.

Aus Sicherheitsgründen ist es ratsam, sich nur in Begleitung von vertrauenswürdigen Einheimischen in die weiter entfernten Stadtteile von Buenos Aires zu begeben.

Touren in Buenos Aires

Tour ①

Centro Histórico

1 Casa Rosada
2 Museo del Bicentenario
3 Centro Cultural Kirchner (CCK)
4 Cabildo
5 Catedral Metropolitana
6 Kongresspalast
7 Avenida Callao
8 Centro Cultural General San Martín
9 Obelisk
10 Teatro Colón
11 Plaza San Martín

Tour ②

Immigranten und der Tango

12 Manzana de las Luces
13 Iglesia San Francisco
14 Basilica de Nuestra Señora del Rosario und Kloster Santo Domingo
15 Museumsschiff Fragata Sarmiento
16 Mercado de San Telmo
17 Plaza Dorrego
18 Museo Histórico Nacional

Tour ③

Residenzen und Paläste (Teil 1)

19 Palacio Ortiz Basualdo (Französische Botschaft)
20 Basílica de Nuestra Señora de Pilar
21 Centro Cultural Recoleta
22 Cementerio de la Recoleta
23 Museo Nacional de Bellas Artes

Teil 2 › S. 71

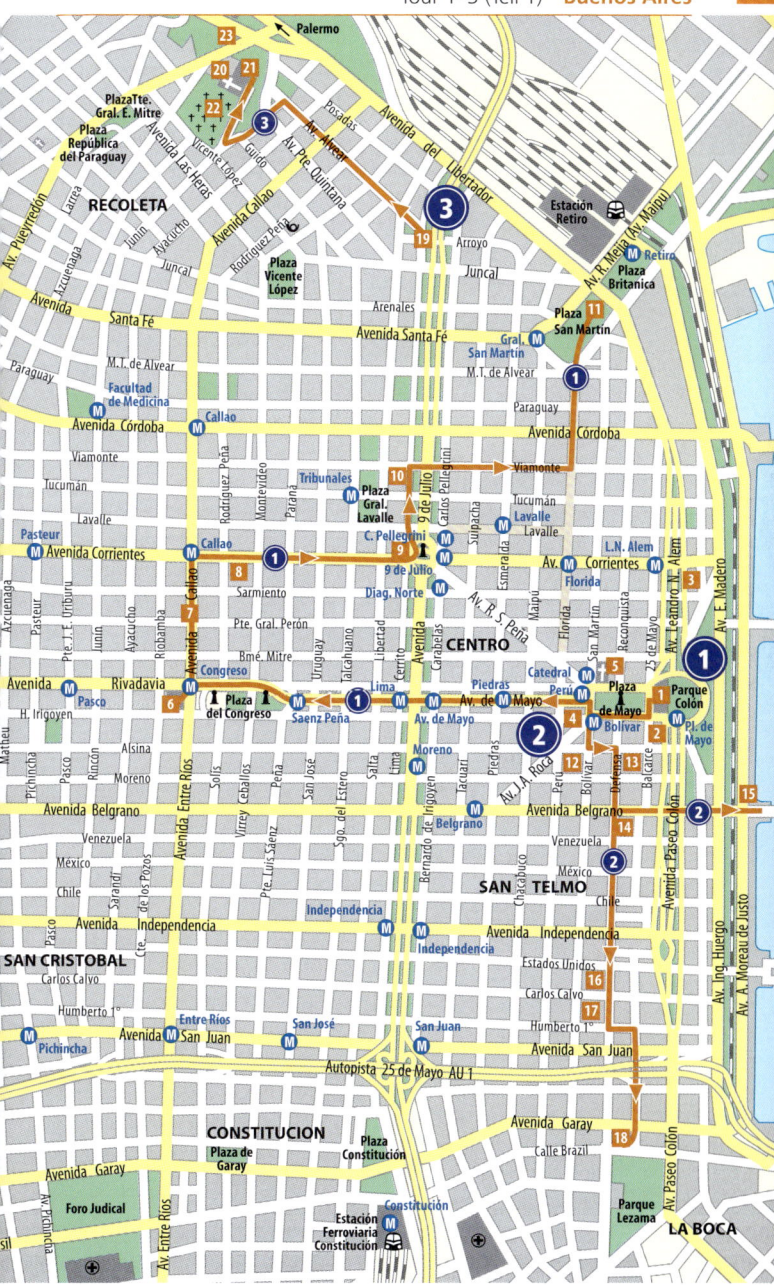

Taxis in Buenos Aires

Verkehrsmittel

- **Flughafenbus:** Im 30-Minuten-Takt bietet die Firma Manuel Tienda León Fahrten vom internationalen Flughafen Ezeiza zum nationalen Flughafen Aeroparque oder ins Zentrum und zurück an. Eine Fahrt von Ezeiza ins Zentrum oder nach Aeroparque kostet 11 €. Tickets gibt es an den Flughafenschaltern und im Stadtbüro (Av. E. Madero 1299, Tel. (011) 4315 5115, www.tiendaleon.com.ar).
- **Flughafentaxi:** Nur am offiziellen Taxischalter im Flughafen Ezeiza und in Aeroparque am Taxistand vor dem Flughafengebäude ordern! Eine Fahrt von Ezeiza ins Zentrum kostet etwa 40 €, von Aeroparque ins Zentrum ca. 15 €. Bei internationaler Ankunft nach 20 Uhr aus Sicherheitsgründen vorab in Deutschland die Abholung am Flughafen mit Transfer zum Hotel buchen!
- **U-Bahn:** Die *subte (tranvía subteranea)* wurde 1913 in Betrieb genommen. Die Waggons aus den 1920er-Jahren wurden nach und nach durch moderne Züge ersetzt, die Bahnhöfe renoviert und mit Wi-Fi ausgestattet. Fahrkarten gibt es am Schalter von Metrovías (www.metrovias.com.ar).

- **Taxi:** Die Fahrt mit dem Taxi innerhalb des Stadtverkehrs ohne großes Gepäck ist generell ungefährlich und problemlos. Unbedingt darauf achten, dass bei Fahrtbeginn das Taxameter eingeschaltet wird. Nach Ankunft am nationalen Flughafen oder Busterminal Retiro nur am ausgeschilderten Taxistand ein Taxi nehmen.
- **Remis:** Die Ruftaxis, genannt *remis,* sind etwas teurer als die gelbschwarzen Taxis, dafür sicher. Man kann sie an der Hotelrezeption bestellen.
- **Colectivos:** In die Linienbusse, die im Stadtverkehr in Buenos Aires fahren, steigt man vorne ein und löst am Automaten im Bus eine Fahrkarte. Es ist wichtig, immer argentinische Pesos bei sich zu haben (www.loscolectivos. com.ar). Handtasche oder Handrucksack immer fest am Körper halten. Foto- und Filmkameras am besten in einer Baumwolltasche mitnehmen, die fest ums Handgelenk geschlungen ist.
- **Busse:** Vom Hauptbusterminal Retiro fahren klimatisierte Überlandbusse in alle Provinzen des Landes. Fahrscheinkauf (Reisepass vorlegen) am Schalter der Busgesellschaften im 1. Stock (Av. Ramos Mejía 1680, Tel. (011) 4310 0700, www.tebasa.com.ar, Onlinebuchungen unter www.omni lineas.com).
- **Schiffe:** Katamaranfahrten von Buenos Aires über den Río de la Plata nach Uruguay (Montevideo, Punta del Este, Colonia del Sacramento) mit Buquebus S.A. (Av. Antártida Argentina 821, Puerto Madero, Tel. (011) 4316 6530, www.buquebus. com, Mo–Fr 7–19, Sa bis 14 Uhr,).
- **Zugfahrten innerhalb der Stadt** und in die Vororte bieten Ferrobaires

(Hornos 11, am Bahnhof Estación Constitución, Tel. (011) 4304 0028, www.ferrobaires.gba.gov.ar) und die Firma Ferrovias (am Bahnhof Retiro, Tel. 0800 777 3377, www.ferrovias. com.ar).

- **Zugfahrten ins Landesinnere** organisiert Satelite Ferroviario (Tel. (011) 4108 8810, www.sateliteferroviario. com.ar).

Wichtige Adressen
- **Secretaría de Turismo:** Informationsschalter an beiden Flughäfen, dazu mehrere Info-Häuschen (CIT) im Zentrum und am Busterminal Retiro (Av. Santa Fé 883, Tel. (011) 4312 2232, www.turismo.buenosaires.gob.ar).
- **Comisaría del Turista (Polizeirevier für Touristen):** Av. Corrientes 436, Tel. (011) 4346 5748, 0800 999 5000.

Touren in Buenos Aires [H9]

Centro Histórico

Verlauf: Plaza de Mayo › Avenida de Mayo › Kongresspalast › Avenida Callao › Avenida Corrientes › Teatro Colón › Pietonal Calle Florída › Plaza San Martín

Karte: Seite 56
Dauer: 3–4 Stunden plus Besichtigungszeit.
Praktische Hinweise:
- Das Centro Histórico erkundet man am besten zu Fuß, ausgehend von der Plaza de Mayo (U-Bahnlinie A).
- Die Plaza San Martín liegt gleich neben dem Hauptbahnhof (U-Bahnlinie C, Station Retiro).

Tour-Start:
Plaza de Mayo ⭐ [d3]

An der Plaza de Mayo fanden die wichtigsten Ereignisse des Landes statt. Mit der Revolution am 25. Mai 1810 wurde der spanische Vizekö-

nig abgesetzt. Die **Pirámide de Mayo,** der Obelisk in der Mitte des Platzes, wurde zum ersten Jahrestag der politischen Unabhängigkeit im Jahr 1811 aufgestellt und ist ein *Monumento histórico nacional.* Auch dem Helden der Unabhängigkeitskriege General Manuel Belgrano wurde auf der Plaza ein Denkmal errichtet. Bis heute ist die Plaza de Mayo der Treffpunkt für die politischen Anliegen der *Madres de la Plaza de Mayo,* der wichtigsten Menschenrechtsgruppe des Landes, die sich donnerstags um 15.30 Uhr treffen. Sie demonstrieren gegen die Verbrechen, die während der Militärdiktatur begangen wurden.

Casa Rosada 1 ⭐ [d3]

Der Regierungspalast an der Ostseite der Plaza de Mayo verdankt seinen rosa Anstrich dem Präsidenten Domingo F. Sarmiento, der die Farben der verfeindeten Unitarier und Föderalisten, Weiß und Rot, 1873 symbolisch mischen ließ. Die Casa Rosada kann nur mit einer Führung besichtigt werden (Sa, So 12.30 und 14.30 Uhr, Reservierung: https://visitas.casarosada.gob.ar).

Gleich hinter der Casa Rosada präsentiert das unterirdische **Museo del Bicentenario** 2 [d3] 200 Jahre argentinische Geschichte und zeigt das »begehbare« Kunstwerk »Ejercicio plástico« des mexikanischen Muralisten David Alfaro Siqueiros (Paseo Colón 100, Mi–So 10/11 bis 18/19 Uhr, Eintritt frei).

Ein Abstecher führt – nordöstlich der Casa Rosada – zum 2015 im prunkvollen ehemaligen Hauptpostamt (1928) eröffneten **Centro Cultural Kirchner (CCK)** 3 [d3], ein Kulturzentrum mit mehreren Kunstgalerien und Auditorien, darunter die Konzerthalle Ballena Azul für 1800 Zuschauer mit toller Akustik (Sarmiento 151, www.cck.gob.ar, Di bis So 12–19 Uhr, Eintritt frei).

Cabildo 4 [d3]

Gegenüber der Casa Rosada steht das Cabildo, der Sitz der ersten Räte in Buenos Aires, nach der Absetzung des spanischen Vizekönigs. In dem weiß getünchten Gebäude mit seiner zweistöckigen Arkadenfassade und dem Mittelturm ist heute das **Museo del Cabildo y de la Revolución de Mayo** untergebracht. Im Innenhof ist ein kleines Café, ab und zu findet auch ein Kunsthandwerkermarkt statt.

Catedral Metropolitana 5 ⭐ [d3]

Ende des 18. Jhs. wurde die klassizistische Kathedrale von Buenos Aires nach den Plänen der argenti-nischen Architekten Antonio Masella und Próspero Catelín vollendet. Sie hat fünf helle, weite Kirchenschiffe und einen wunderschönen Blumenmosaikboden aus Marmor. Die Kathedrale ist nationalhistorisches Monument und birgt das Grabmal des Nationalhelden José de San Martín. Neben der Kathedrale steht der Prachtbau der Nationalbank **Banco de la Nación** mit einer mächtigen Säulenvorhalle.

Avenida de Mayo ⭐ [d1–3]

Die Avenida de Mayo verbindet den Präsidenten- mit dem Kongresspalast und ist die sinnbildliche Verbindung zwischen dem Präsidenten bzw. der Präsidentin und den Vertretern der Provinzen im Senat, der Exekutive und Legislative. Diese Achse ist das Herz der Stadt und das historische Zentrum. Die mächtigen Kolonialbauten im französischen, italienischen und spanischen Stil aus den Jahren nach 1880 sind durch entsprechende Bauauflagen geschützt. Sie wurden von den Spaniern errichtet.

Prachtvolle Bauten, die man auf der Erkundungstour in Richtung Kongresspalast nicht übersehen sollte, sind: Das ehemalige Pressehaus **La Prensa** (Nr. 575, Ecke Florida), heute Casa de la Cultura, **Palacio Urquiza Anchorena** (Nr. 747), **Palacio Vera** (Nr. 769), **Café Tortoni** (Nr. 825/29), das 1858 gegründet und 1893 in die Avenida de Mayo verlegt wurde, **Hotel Castellar** (Nr. 1150), **Teatro Avenida** (Nr. 1222), Theaterzentrum der Spanier,

Café Los 36 Billares (Nr. 1265), das ehemalige Hauptgebäude der Zeitung **La Crítica** (Nr. 1333), der 1923 eingeweihte **Palacio Barolo** (Nr. 1370, Ecke San José, *Monumento histórico nacional* seit 1997) und das meisterhafte Gebäude von **La Inmobiliaria** (1400) mit seinen eleganten Kuppeln und Türmchen.

Einen Blick hinter die riesigen, mit Messing verzierten Eingangstüren auf edle Marmortreppen mit aufwendig verschnörkeltem Treppengeländer, auf die hohen Marmorsäulen, die bunten Mosaikböden und die alten Aufzüge zu werfen lohnt sich. Diese Pracht zeugt vom heute fast unvorstellbaren Reichtum der Estancieros und einfallsreicher Geschäftsleute in der »Neuen Welt«. Die Frachtschiffe, die einst mit Weizen beladen nach Europa fuhren, kehrten mit Marmor aus Carrara, edlen Möbeln und Spitzen für die High Society zurück. Den Glanz dieser vergangenen Zeiten spiegeln die luxuriösen Häuser und Paläste an der Avenida wider.

Cafés/Restaurants
Café Las Violetas €€
Dieses Café ist wegen seiner köstlichen Schokoladen- und Kuchenspezialitäten beliebt. **50 Dinge** ⑯ › S. 14.
• Centro | Rivadavia 3899 | Once
  Tel. (011) 4958 7387
  www.lasvioletas.com

Café Tortoni €€
Traditionelles Tangocafé mit vielen Veranstaltungen. Jeden Abend finden um 20.30/21 Uhr Tangoshows in der Sala Alfonsín statt. **50 Dinge** ⑲ › S. 14.

Im Tangocafé Tortoni

• Avenida de Mayo 825/29 | Montserrat
  Tel. (011) 4342 4328
  www.cafetortoni.com.ar

Confitería Alameda €–€€
Hier trifft man sich sowohl auf einen Kaffee als auch zum Pizzaessen.
• Avenida de Mayo 1201 | Montserrat
  Tel. (011) 4381 2859
  www.alameda-restaurante.com.ar

Kongresspalast ⑥ [H9]
An der Plaza de los Dos Congresos liegt der Kongresspalast (Palacio del Congreso), der im Jahr 1906 im Stil der Neorenaissance, wohl nach Washingtoner Vorbild, errichtet wurde. Bei schönem Wetter füttern die älteren Bewohner der Stadt die Tauben auf der Plaza mit dem »Denkmal für die beiden Kongresse« (1813 in Buenos Aires, 1816 in San Miguel de Tucumán zur Vorbereitung der Unabhängigkeitserklärung). Auch ein Standbild des patriotischen Publizisten Mariano Moreno (1778 bis 1811) und ein Abguss des »Denkers« von Auguste Rodin wurden auf der Plaza errichtet.

Avenida 9 de Julio mit Obelisk

Vom Monolith auf der Plaza, der den »Nullpunkt« Argentiniens symbolisiert, werden alle Entfernungen im Land gemessen.

Avenida Callao 7 [H9]

Die Avenida Callao verbindet die Avenida de Mayo mit der Avenida Corrientes. Die **Confitería La Opera** liegt 50 m vom **Hotel Savoy,** an der Straßenecke der Avenidas Callao und Corrientes.

Restaurants

La Americana €€
Wohl die größte Auswahl an *empanadas* in Buenos Aires. **50 Dinge** (15) › S. 14.
• Av. Callao 83 | San Nicolás
Tel. (011) 4371 0202
www.pizzerialaamericana.com.ar

Confitería La Opera €–€€
In diesem **!** traditionellen, gemütlichen Lokal kann man gute Salat- und Fleischgerichte essen.

• Corrientes y Callao | Balvanera
Tel. (011) 4371 3648

Avenida Corrientes

Auf der Avenida Corrientes trifft sich die »Bohemia« von Buenos Aires in kleinen Bars, in einem der vielen Restaurants, im Kino oder im Theater. Bekannte Theater sind etwa das Gran Rex, Opera, Metropolitan und Lola Membrives sowie das **Centro Cultural General San Martín** 8 [H9] (Nr. 1530) mit wechselndem Programm aus Musik, Kunst und Tanz (www.elculturalsanmartin.org). Beliebte Rückzugsgebiete sind die zahlreichen Café-Librerías, Buchhandlungen mit einem integrierten Café. Zwischen Mitternacht und drei Uhr morgens sind hier die Nachtschwärmer unterwegs.

An der Kreuzung der Corrientes mit der **Avenida 9 de Julio** steht der **Obelisk** 9 [c1] auf dem Mittelstreifen der mit 125 m und zehn Spuren breitesten Avenida von Buenos Aires. Er ist 67,5 m hoch und wurde am 25. Mai 1936 zur Erinnerung an den 400. Gründungstag der Hauptstadt aufgestellt. Für den Bau wurde eine ganze Häuserzeile abgerissen.

Vor der Überquerung der zehnspurigen Avenida 9 de Julio achte man nicht nur auf die Fußgängerampel, sondern auch auf die Fahrzeuge. In Argentinien werden Zebrastreifen und Ampeln von Autofahrern nicht sonderlich ernst genommen!

Restaurants
Tomo I €€€
Medaillon von der Rinderlende, patagonisches Lammkarree und hausgemachte Ravioli. Gleich neben dem Obelisken.
• Carlos Pellegrini 521 | San Nicolás
  Tel. (011) 4326 6698
  www.tomo1.com.ar

Clásica y Moderna €–€€
Café-Buchhandlung als Treffpunkt einheimischer Intellektueller; gute Menüs.
• Av. Callao 892 | Recoleta
  Tel. (011) 4812 8707

La Giralda €–€€
Traditionelles Intellektuellencafé, Studentenszene.
• Av. Corrientes 1453 | San Nicolás
  Tel. (011) 4371 3846

El Ateneo Grand Splendid €
Außergewöhnlicher Bücherpalast in einem einstigen Theater. ❗ Leselogen zum Schmökern und Café-Restaurant auf der Bühne mit Mittagsmenü.
• Av. Santa Fé 1860 | Recoleta
  Tel. (011) 4813 6052

Florida Garden €
Besonders guter *café cortado*. **50 Dinge** ㉑ › **S. 14.**
• Florida 899 | San Nicolás
  Tel. (011) 4312 7902

Nightlife
Azúcar €€
Beliebte Diskothek, in der Rock und Salsa gespielt wird.
• Av. Corrientes 3330 | Abasto
  Tel. (011) 4865 3103
  www.centroculturalazucar.com

El Gato Negro €€
Traditionsreiche Café-Bar in einer alten Apotheke. Sehenswerte Einrichtung!
• Av. Corrientes 1669 | San Nicolás
  Tel. (011) 4374 1730
  www.elgatonegronet.com.ar

Teatro Colón 🔟 ⭐ [c1]

Zwei *cuadras* (200 m) vom Obelisken entfernt steht an der breiten Avenida (Cerrito 628) das berühmte Teatro Colón. Die Architektur ist ein Stilmix aus italienischer Renaissance und französischem Empire. Es wurde im Jahr 1908 eröffnet und zählt zu den bedeutendsten Opernhäuser der Welt.

Die Teilnahme an einer Führung durch das prachtvolle Theater, den Zuschauerraum und die Logen lohnt sich. Hinter der Bühne befinden sich eine kleine Schneiderei, eine Schuhmacherwerkstatt, eine gigantische Requisite und die Bühnentechnik. Mit etwas Glück probt gerade die Ballettgruppe auf der Bühne. (Rest-)Karten gibt es beim Theater (50-minütige Führungen tgl. 9–17 Uhr; bei Gratismatineen

So vormittags keine Führung zwischen 10 und 13.30 Uhr, Tel. (011) 4378 7100, www.teatrocolon.org.ar).

Pietonal
Calle Florida [b2–d2/3]

Diese schmale Straße beginnt an der Avenida de Mayo und endet an der Plaza de San Martín. Sie entstand in der Gründungszeit von Buenos Aires im 17. Jh. und wurde bereits 1913 in eine Fußgängerzone umgewandelt. Heute ist sie eine der beliebtesten Einkaufsstraßen mit kleinen Boutiquen, Souvenirläden, Schuh- und Bekleidungsgeschäften.

Plaza
San Martín 11 ⭐ [b2–3]

Auf der Plaza stehen Exemplare des riesigen Nationalbaums *Ombú* und Flaschenbäume mit stachelig bauchigen Stämmen.

Rund um den großen Platz reihen sich architektonisch wichtige Kolonialbauten wie der **Palacio San Martín** (Arenales 761), der **Círculo Militar** (Santa Fé 750), der Hauptbahnhof **Estación Retiro** (U-Bahnlinie C) und eines der prachtvollsten Hotels in Buenos Aires im Kolonialstil, das **Plaza Hotel Buenos Aires** › S. 70. Die Hotelbar gilt als eine der zehn schönsten Bars der Welt.

Restaurant

El Palacio de la Papa Frita €€
Der Pommes-frites-Palast ist eleganter, als der Name vermuten lässt; ❗ gute, für Buenos Aires typische Tellergerichte.
• Lavalle 735 | San Nicolás
  Tel. (011) 4393 5849
  www.elpalaciodelapapafrita.com

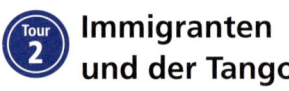

Immigranten und der Tango

Verlauf: Montserrat › Manzana de las Luces › Puerto Madero › San Telmo › Plaza Dorrego › La Boca

Karte: Seite 56
Dauer: ca. 3 Stunden – je nach Verkehr.
Praktische Hinweise:
• Start ist am Cabildo an der Plaza de Mayo (U-Bahnlinie A).
• Diese Tour kann auch etappenweise – jedes *barrio* (Stadtteil) für sich – unternommen werden.
• Am besten verbindet man die Stadtteile San Telmo und La Boca mit dem Taxi.

Tour-Start: Montserrat

Der Stadtteil Montserrat liegt südlich der Plaza de Mayo im historischen Zentrum von Buenos Aires zwischen Avenida de Mayo und dem Stadtteil San Telmo. Hier bauten sich die katholischen Orden der spanischen Eroberer ihre Klöster.

Manzana
de las Luces 12 ⭐ [d3]

200 m entfernt vom Cabildo liegt an der Calle Bolívar die Manzana de las Luces. Über eine ganze *manzana* (ein Apfel steht für einen Häuserblock, also 100 × 100 m) erstreckte sich die im 17. Jh. erbaute Klosteranlage der Jesuiten mit Kirche, Klosterschule und Hauptverwaltung. Die dazugehörige Jesuitenkirche **San Ignacio de Loyola** ist die

älteste Kirche in Buenos Aires. Sie wurde 1675 eingeweiht. In der ehemaligen Klosteranlage befindet sich das Elitegymnasium Colegio Nacional de Buenos Aires. Unter dem nationalhistorischen Monument befinden sich unterirdische Gänge aus dem 17. Jh. Führungen finden tgl. um 15 Uhr, Sa, So zusätzlich 16.30 und 18 Uhr statt (Peru 272, www.manzanadelasluces.org.ar).

Iglesia San Francisco 13 [d3]

Zwei Blöcke von der Jesuitenkirche entfernt liegt die Kirche des dritten Franziskanerordens Seglar an der Calle Alsina. Der Hauptaltar wird von einem der größten Teppiche der Welt geschmückt.

Basilica de Nuestra Señora del Rosario und Kloster Santo Domingo

In der Basilika des Dominikanerordens **Iglesia de Santo Domingo** 14 [e3] befindet sich das Mausoleum von General Belgrano (Calle Belgrano y Defensa). Die Klosteranlage stammt aus dem Jahr 1783.

Puerto Madero

Das neu renovierte Hafenviertel, sozusagen die argentinische Speicherstadt, ist zum Trendviertel der Einheimischen für abendliche Restaurantbesuche geworden. Auf dem Weg nach San Telmo sollte man einen kleinen Abstecher ins Hafenviertel machen und das **Museumsschiff Fragata Sarmiento** 15 [d4] besichtigen (Dique (Dock) 3 im Hafen). Es war von 1899–1938 das Segelschulschiff der Marine.

Restaurants

Cabaña Las Lilas €€€

Asado vom Feinsten und von der eigenen Estancia. Spezialität des Restaurants ist *Ojo de bife a la parilla* (Rib-Eye-Steak vom Grill).

- Av. Moreau de Justo 516
  Puerto Madero
  Tel. (011) 4313 1336
  www.laslilas.com
  Sa, So geschl.

▪ **Erstklassig**

Cafés und Confiterías mit Charme

- Im Ecklokal **La Opera** trinkt der *porteño* in Ruhe ein Glas *tinto* und isst sein *menu del día.* › S. 62
- In der **Confitería Ideal** hat Alan Parker »Evita« gedreht; die Zeit scheint hier seit 50 Jahren stehen geblieben zu sein. › S. 75
- Ein modernes, charmantes Eckcafé im Kolonialstil, das viel von Einheimischen besucht wird, ist die **Restobar Cafiolo**. Die Spezialität ist *bife de chorizo cafiolo* (Rumpsteak). › S. 66
- Das **Café Esquina Homero Manzi** ist ein Teil der Tangogeschichte, die man mit einem *gancia con soda* (Wermut mit Mineralwasser) Revue passieren lassen kann. › S. 66
- Im traditionsreichen Eckcafé **Dorrego** an der belebten Plaza Dorrego schmeckt *cortado* (Espresso mit Milchschaum) besonders gut. › S. 66

Restobar Cafiolo €€

Hier treffen sich Kolonialcharme und Moderne; ❗ empfehlenswert sind die speziellen Tagesgerichte.

• Hipólito Yrigoyen 802 | Montserrat
Tel. (011) 4331 2448

San Telmo ⭐

In San Telmo befinden sich die meisten *tanguerías* (Tangoshow- und Tanzlokale) der Stadt. Der Stadtteil mit seinen engen Straßen, kleinen Plätzen und stimmungsvollen Hinterhöfen ist ein überaus beliebtes In-Viertel.

Mercado de San Telmo 16 [H9]

Der Markt von San Telmo wurde im Jahr 1897 eingeweiht und ist der älteste Obst- und Gemüsemarkt in Buenos Aires, der noch in seiner ursprünglichen Form abgehalten wird (Defensa 963).

Plaza Dorrego 17 ⭐ [H9]

10 *cuadras*, also 1 km von der Plaza de Mayo oder 600 m von der Iglesia de Santo Domingo entfernt, liegt der Hauptplatz von San Telmo, die Plaza Dorrego.

Sonntags ist hier **Flohmarkt** *(Feria de antigüedades)*. Von Geschirr und Gläsern aus den 1950er-Jahren über Taschenuhren, Silberschmuck und Sodaflaschen bis hin zur kompletten Ausstattung für Mate, Bilderrahmen à la Patagonia, Pferdegeschirr und Aquarellen – hier findet sich sicher ein passendes Mitbringsel, das ins Gepäck passt. Sänger und ❗ auf der Straße tanzende Tangopaare jeden Alters machen den touristischen Flohmarkt zum besonderen Erlebnis..

50 m von der Plaza Dorrego liegt die **Parroquia de San Pedro Telmo.** Die Kirche mit der verspielten Barockfassade wurde von den Jesuiten im 18. Jh. gebaut.

Parque Lezama

Wo heute der Park ist, vermuten Historiker die Stelle der Stadtgründung von Buenos Aires. Wenn man sich für die Unabhängigkeitsgeschichte Argentiniens interessiert, lohnt ein Besuch im **Museo Histórico Nacional** (Nationalhistorisches Museum) 18 [H9]. Gegenüber des Parque Lezama an der Avenida Brasil 315 befindet sich die **russisch-orthodoxe Kirche.** Sie wurde von einem russischen Zaren finanziert und im Jahr 1904 eingeweiht. Innen ist die Kirche mit Gold verziert.

Restaurants

Café Esquina Homero Manzi €€
❗ Legendäres Tangocafé.

• Av. San Juan 3601 | Boedo (in der Verlängerung zur Plaza Dorrego)
Tel. (011) 4957 8488
www.esquinahomeromanzi.com.ar

Restaurante 1880 €€

Hier serviert man sehr gute Pasta, Asado/*parrillada* und *puchero* (Eintopf).

• Defensa 1665 (am Parque Lezama)
San Telmo | Tel. (011) 4307 2746

Bar Plaza Dorrego €–€€

Das traditionsreiche Café im Herzen des Viertels ❗ ist ein beliebter Treffpunkt.

• Defensa 1098 | San Telmo
Tel. (011) 4361 0141

Entdeckungstour auf dem Flohmarkt von San Telmo

La Boca ★ [H9]

Der Parque Lezama verbindet das Tangoviertel San Telmo mit dem Hafenviertel La Boca, in dem einst die jungen Einwanderer voller Hoffnung aus Europa ankamen. Dieses Viertel gilt als die Wiege des Tangos, heute zieht es v. a. Künstler und Touristen an. **50 Dinge** ⑭ › **S. 17.**

Estadio Club Atlético Boca Juniors

Hier begann die Weltkarriere von Fußballstar Diego Armando Maradona, der »Hand Gottes«, der bei den Boca Juniors spielte. Deren Stadion mit den extrem steilen Tribünen kann man besichtigen.

Das Fußballmuseum **Museo de la Pasión Boquense** (Museum der La-Boca-Passion) mit seiner Multimedia-Ausstellung für Fußballfans liegt gleich nebenan in der Calle Brandsen 805.

Buchtipp:

Fabian von Poser: **Straßentango mit dem Fußballgott. Argentinische Rituale,** Picus Verlag, 2008.

El Caminito

Ein Spaziergang auf dem kopfsteingepflasterten Caminito, entlang den bunten Häusern bis zur Mündung des Ríachuelo in den Río de la Plata, gehört zu einem Besuch in Buenos Aires. Der einst im Viertel ansässige argentinische Maler Benito Quinquela Martín überredete die Anwohner, ihre Häuser, die – so wird erzählt – aus dem Blech abgewrackter Schiffe bestehen, mit buntem Schiffslack zu überziehen. Am Ende des Caminito dümpeln verrostete Boote im Hafen.

Das **Museo de Bellas Artes de La Boca** liegt gegenüber der alten Stahlbrücke, die zum Wahrzeichen für La Boca wurde. Hier sind u. a. Werke von Benito Quinquela Martín › **S. 44** ausgestellt (Av. Pedro de Mendoza 1835/43, Di–Fr 10–18, Sa, So 11.15–18 Uhr).

Restaurant

El Obrero €€

❗ Clásico Bodegón (klassische Garküche), seit 1954 in Familienbesitz und Treffpunkt von Hafenarbeitern und Spit-

67

Basílica de Nuestra Señora de Pilar an der Plaza Alvear

zenverdienern; exzellente Ravioli, Fischgerichte und Suppen.

• Agustín R. Caffarena 64 | La Boca
Tel. (011) 4362 9912 | So geschl.

Residenzen und Paläste

Verlauf: Recoleta › Avenida Alvear › Cementerio de la Recoleta › Palermo

Karte: Seite 56 und 71
Dauer: ca. 3 Std. – je nach Verkehr.
Praktische Hinweise:
• Die Tour beginnt an der Französischen Botschaft *(Embajada de Francia)*, Ecke Calle Cerrito und Alvear im Stadtteil Recoleta.
• Beide Stadtteile können auch einzeln in zwei kleinen Rundgängen erkundet werden.

Tour-Start: Recoleta

Ende des 19. Jhs. brach in San Telmo eine Gelbfieberepidemie aus. Alle, die es sich leisten konnten, zogen daraufhin nach Norden in die Viertel Recoleta oder Palermo. Bis heute leben hier die wohlhabenden Einwohner der Stadt.

Avenida Alvear

Die breite Avenida Alvear ist sozusagen die »Schlossallee« von Buenos Aires. Hier und in den umliegenden Straßen stehen zahlreiche extravagante Prachtbauten, für deren Besichtigung man sich Zeit nehmen sollte, so u. a.: **Palacio Ortiz Basualdo** 19 [H9] (Botschaft von Frankreich, Alvear y Cerrito 1399), **Palacio Pereda** (Botschaft von Brasilien, Arroyo 1130), **Palacio Álzaga Unzué** (heute das Luxushotel Four Seasons, Cerrito 1455), **Palacio Fernández de Anchorena** (Alvear 1637),

Palacio Duhau (Hotel Park Hyatt, Alvear 1671), **Palacio Hume** (Alvear 1683), **Residencia Casey** (Kulturzentrum, Alvear 1690), **Patio Bullrich** (exklusives Einkaufszentrum, Posadas 1245), **Alvear Palace Hotel** (Alvear 1891).

Plaza Alvear

Die Plaza Alvear ist der Mittelpunkt des noblen Stadtteils Recoleta, in dem die gehobene Mittelschicht von Buenos Aires lebt. Über 100-jährige Gummibäume mit ihren enormen Stämmen und lila blühende Jacarandas (Palisanderholzbäume), beides typische Pampabäume, prägen das Bild der Plaza.

Im Jahr 1732 wurde die **Basílica de Nuestra Señora de Pilar** 20 [H9] am Nordrand der Plaza unter dem Architekten Andrea Bianchi erbaut. Ihre Fassade ist im eher schlichten Kolonialstil gehalten, den Hauptaltar gestaltete Bianchi im Barockstil.

Im ehemaligen Kloster an der Plaza, dem **Centro Cultural Recoleta** 21 [H9], auch C.C. Ciudad de Buenos Aires genannt, ist eine Ausstellungs- und Veranstaltungshalle untergebracht. Der Eingang zum Centro Cultural Recoleta liegt an der Calle Junín 1930.

Cementerio de la Recoleta 22 [H9]

Der berühmteste Friedhof in Buenos Aires lohnt einen Spaziergang. Die hausgroßen Mausoleen aus edlem Marmor mit barocken Engelchen und bizarren Skulpturen wirken fast gespenstisch, der Friedhof insgesamt wie ein eigener, winziger Stadtteil. Hier ruht auch Evita Perón › S. 44 unter schwarz glänzendem Marmor in der Gruft der Familie Duarte.

Museo Nacional de Bellas Artes 23 [H9]

Kunst vom Mittelalter bis zur Neuzeit, darunter argentinische Malerei und Ausstellungen international berühmter Künstler, zeigt das Museo Nacional de Bellas Artes an der Av. del Libertador 1473, gegenüber dem Centro Cultural (Di–Fr 11–20, Sa, So ab 10 Uhr, www.aamnba.org.ar).

Restaurant

La Bourgogne €€€

Das beste französische Restaurant der Stadt ist im traditionsreichen Nobelhotel Alvear Palace › S. 70 untergebracht. In hochelegantem Ambiente setzt Jean Paul Bondoux die kulinarischen Maßstäbe.

- Av. Alvear 1891 | Recoleta
  Tel. (011) 4808 2100
  www.alvearpalace.com
  Nur abends, So geschl.

Shopping

- In den Avenidas Alvear und Quintana befinden sich **Edelboutiquen** und elegante **Schmuckläden** internationaler Firmen.
- Auf der Plaza Francia findet Sa, So, Fei von 11–18 Uhr ein **Floh- und Kleinkunstmarkt** statt (www.feriaplazafrancia.com).

Palermo

Von der Plaza Alvear (Recoleta) führt die Avenida del Libertador nach Nordwesten in den Stadtteil Palermo (auch per U-Bahn erreich-

Shopping in Palermo Chico

Febrero 28 [H9] die Lunge von Buenos Aires. Die Pferderennbahn **Hipódromo Argentino** 29 [H9] befindet sich ebenso in Palermo wie die Anlage für den Polosport **Campo Argentino de Polo** 30 [H9].

Hotels

Alvear Palace Hotel €€€
In diesem Palasthotel kann man ❗ residieren wie ein König.
• Av. Alvear 1891 | Recoleta
Tel. (011) 4804 7777
www.alvearpalace.com

Claridge €€€
Gilt als das ❗ »Adlon« der Stadt.
• Tucumán 535 | San Nicolás
Tel. (011) 4319 8000
www.claridge.com.ar

Home Hotel Buenos Aires €€€
Trendiges Boutiquehotel im Bauhausstil mit holistischem Spa. Große Bäder, tolles Frühstück, Garten mit Infinity Pool.
• Honduras 5860 | Palermo Hollywood
Tel. (011) 4779 1006
www.homebuenosaires.com

Castelar Hotel & Spa €€
Das altehrwürdige kleine Hotel im historischen Zentrum hat viel Charme.
• Avenida de Mayo 1152 | Montserrat
Tel. (011) 4383 5000
www.castelarhotel.com.ar

El Edificio de los Pavos Reales €€
Sehr gastfreundliches, mit erlesenen Antiquitäten möbliertes B & B in einem grandiosen Jugendstilhaus von 1912.
• Av. Rivadavia 3230 | Once
Tel. (011) 4867 2199
www.elpavorealbb.com

bar mit der Linie D, Station Scalabrini Ortiz). Wer es zu viel Geld gebracht hat, wohnt in Palermo im Residenzviertel. Die Wohnhäuser gleichen Palästen, die großen Gärten europäischen Schlossanlagen. Sie sind von hohen, schmiedeeisernen Gartenzäunen und Überwachungskameras umgeben. **Palermo Chico** ist einer der exklusivsten Stadtteile von Buenos Aires.

Der **Botanische Garten** 24 [H9] wurde 1898 eingeweiht. Er erstreckt sich auf über 8 ha Fläche und birgt über 7000 verschiedene Pflanzenarten. Im **Zoo** 25 [H9] (Eingang Plaza Italia) leben viele Tiere, die heute in Argentinien vorkommen – von den Subtropen bis nach Feuerland.

Im Rosengarten **El Rosedal** 26 [H9] gibt es über 1200 Rosenarten, nebenan liegt der **Golfplatz** 27 [H9] der Stadt *(Campo Municipal de Golf)*. Mit 400 ha ist der **Parque 3 de**

562 Nogaró Hotel €€

Kolonialstil und Moderne; Hotel mit
Pool, Fitnessraum und Bar.
• Julio A. Roca 562
  Montserrat
  Tel. (011) 4331 0091
  www.562nogarohotel.com

Hotel Savoy €€

Kolonialhotel, 1910 im französischen Stil
erbaut
• Avenida Callao 181
  San Nicolas
  Tel. (011) 4370 8000
  www.savoyhotel.com.ar

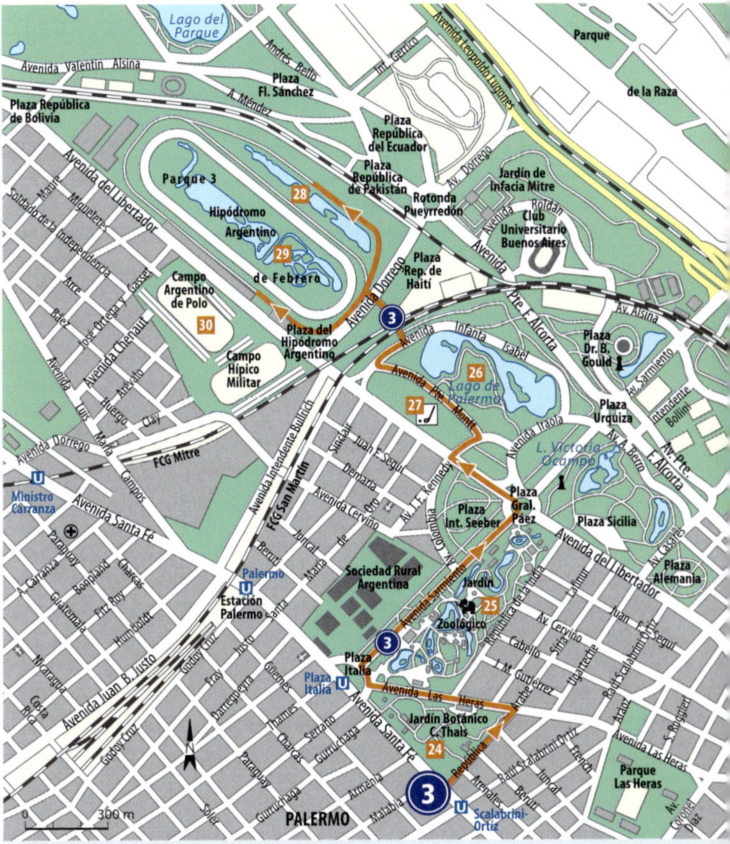

Tour in Buenos Aires – Palermo

Tour ③

Residenzen und Paläste
(Teil 2; Teil 1 › S. 56)

24 Botanischer Garten	28 Parque 3 de Febrero
25 Zoo	29 Hipódromo Argentino
26 El Rosedal (Rosengarten)	(Pferderennbahn)
27 Golfplatz	30 Campo de Polo

71

Hotel Marbella €

Einfaches Hotel im Kolonialstil mit Restaurant.

- Avenida de Mayo 1261
  Montserrat | Tel. (011) 4383 8566
  www.hotelmarbella.com.ar

Kings Hotel €

Modernes Hotel, zentral gelegen, mit einfachen Zimmern.

- Av. Corrientes 623 | San Nicolás
  Tel. (011) 4322 8161
  www.kingshotel.com.ar

Ausflüge in die Provinz

Bootsfahrt im Flussdelta des Río de la Plata

Die subtropische Inselwelt des Deltas 30 km nördlich von Buenos Aires ist ein Naturparadies, das von vielen kleinen Flüssen durchzogen wird. Hier fließen der Río Paraná und der Río Uruguay zusammen.

Ausgangspunkt für die Bootsfahrt ist die Kleinstadt Tigre **31** [H9]. Man erreicht sie in ca. 50 Min. mit dem Zug vom Bahnhof Retiro oder mit einem Remis › S. 58. Gegenüber der Bahnhofsstation in Tigre legen die Ausflugsboote ab.

Hotel

Hotel Restaurant Alpenhaus €€

Nach 50 Min. Bootsfahrt ab Tigre und ca. 10 Min. Fußweg gelangt man zu den Häuschen im kleinen subtropischen Inselparadies mit Biergarten, Spa-Bereich, Kanuverleih, Pool und Sauna; deutschsprachig. **50 Dinge** ② › S. 12.

- Arroyo Rama Negra, Muelle Alpenhaus
  Buenos Aires | Delta de Tigre
  Tel. (011) 4728 0422
  www.alpenhaus.com.ar

Fiesta Gaucha

Ein schöner Tagesausflug führt zu einer der etwa 80 km nördlich des Zentrums von Buenos Aires gelegenen Estancias mit Reitvorführung, Einblick in die Arbeit der Gauchos und exzessivem Asado-Essen; möglich beispielsweise in der Estancia Santa Susana, Cina Cina, Chica oder La Alameda.

Sanddünen und Einwandererromantik

Eine fünf- bis sechsstündige Busfahrt führt von Buenos Aires durch die feuchte Pampa über Pinamar nach **Villa Gesell** 32 [J11]. Hier hat Carlos Idaho Gesell (1891–1979) in den 1930er-Jahren ein kleines Paradies in den Dünen am Atlantik geschaffen. Seine beiden ersten Wohnhäuser wurden zum **Museo Gesell** umfunktioniert.

Die Wanderdünen kultivierte er durch die Bepflanzung mit australischen Akazien. Die ersten Gebäude waren Holzfertighäuser. Bis in die 1950er-Jahre wurde in Villa Gesell Deutsch gesprochen.

Heute ist jedes zweite Haus in Gesell ein Hotel, Ferienhaus oder eine Hostería, und der Badeort ist zur Stadt angewachsen. Trotzdem hat der Ort seinen ursprünglichen Einwanderercharme nicht verloren und ist vor allem außerhalb der Hochsaison eine Oase, in der man am Strand oder bei Reitausflügen in den Dünen die schöne Landschaft genießen kann. **50 Dinge** (7) › S. 12.

Info

Oficina de Información Turística Norte
• Camino de los Pioneros 1921
  Villa Gesell
  Tel. (02255) 45 8596
  http://turismo.gesell.gob.ar

Verkehr

Nach Villa Gesell fährt das Busunternehmen **Plusmar** (www.plusmar.com.ar). Fahrkartenschalter im Busbahnhof Retiro › **S. 58** in Buenos Aires.

Von Tigre starten Boote ins Flussdelta des Río de la Plata

Hotel

Hostería Tequendama Spa & Resort €€€
Das zwischen Strand und Hauptstraße gelegene originell eingerichtete Haus bietet sehr guten Service.
• Paseo 109 y Avenida 1 | Villa Gesell
  Tel. (02255) 46 2829
  www.tequendama.com.ar

Restaurant

Restaurant El Gallego €€€
Spezialisiert auf fangfrische Meeresfische und Muschelgerichte.
• Paseo 105, N° 408 | Villa Gesell
  Tel. (02255) 470 673

Shopping

In der begrünten Einkaufspassage **Paseo de los Artesanos** an der Avenida 3 (Ecke Paseo 104) findet man schönen Schmuck und Kunsthandwerk. Ganz in der Nähe verkaufen Künstler aus ganz Argentinien auf der **Feria Artesanal Regional y Artística Geselina** ihre Waren (Avenida 3/Paseo 112, Plaza Carlos Gesell).

Expression der Leidenschaft

Tango ist nicht nur ein Tanz. Es ist der Ausdruck der Leidenschaft, der Hingabe an die Musik, ein Hinweggetragenwerden in die Bewegungen des Tango. Entstanden ist der Tango Anfang des 20. Jhs. im Hafenviertel von Buenos Aires. Es war die Einwandererzeit, in der viele junge Europäer, vor allem aus Italien, nach Argentinien kamen, um sich ein neues Leben aufzubauen. Doch der Anfang war entbehrungsreich und die Sehnsucht nach der Heimat groß. Nachts traf man sich in den Bars von Buenos Aires, um zu singen und zu tanzen. So entstand der Tango. In Berlin gab es bereits in den 1920er-Jahren eine Tangoszene. Seit ein paar Jahren lebt diese in ganz Europa wieder auf. Es gibt Tangotanzclubs und offene Tanzabende, sogenannte Milongas. Wer den Tango aber in seiner Urform und Faszination erleben möchte, fliegt nach Buenos Aires.

In keinem Fall sollten Sie versäumen, in einem der zahlreichen CD-Geschäfte an der Avenida de Mayo [d1–3] oder in der Fußgängerzone [b2–d2/3] Tango-CDs für zu Hause einzukaufen. **50 Dinge ㊳ › S. 16.**

Buchtipp: Nicole Nau, TANZE TANGO MIT DEM LEBEN, Bastei Lübbe, 2. Aufl. 2014. www.tango folklore.com

Tangoshows

Als Einstieg in die Tangoszene von Buenos Aires empfiehlt sich der Besuch einer professionellen Tangoshow. Der Preis pro Person inklusive Abendessen liegt bei umgerechnet 70–110 €.

- **La Ventana** [H9]
  Touristische, aber perfekte Tanguería.
  Balcarce 431 | San Telmo
  Tel. (011) 4334 1314/1315
  www.laventanaweb.com
- **Madero Tango** [H9]
  Luxusshow, designed by Fabián Luca.
  A. Moreau de Justo y Brasil
  Dique 1 | Puerto Madero
  Tel. (011) 5239 3009
  www.maderotango.com
- **El Viejo Almacén** [H9]
  Die Ecke, in der der Tango geboren
  wurde.
  Independencia y Balcarce | San Telmo
  Tel. (011) 4307 6689
  www.viejoalmacen.com.ar
- **Café de los Angelitos** [H9]
  Historisches Tangocafé mit Show.
  Av. Rivadavia 2100 | esq. Rincón
  Balvanera
  Tel. (011) 4952 2320
  www.cafedelosangelitos.com
- **Esquina Carlos Gardel** [H9]
  Tangoshow im prächtigen Theater-
  Etablissement. **50 Dinge** ㉖ › S. 15.
  Carlos Gardel 3200 | Abasto
  Tel. (011) 4867 6363
  www.esquinacarlosgardel.com
- **Boedo Antiguo** [H9]
  Restaurant mit Tangoshows.
  José Marmol 1692/1698 | Boedo
  Tel. (011) 4921 3500
  www.boedoantiguo.com.ar

Tangocafés

Wie es den Tango in verschiedenen
Stilrichtungen gibt, so hat auch jede
Musikkneipe *(boliche)* ihren eigenen Stil. In den Tageszeitungen *La
Nación* und *Clarin* sowie in Stadt-
prospekten findet man Hinweise
auf Tangoveranstaltungen. Tango-

tänzer jeden Alters treffen sich in
den traditionellen Tanzsalons, entweder nachmittags zum Tanztee
oder spätabends bis in die frühen
Morgenstunden. Ideal für Einstei-
ger ist Tangounterricht mit anschlie-
ßendem freiem Tanzen.

- **Confitería Ideal** [c2]
  ! Der besonders nostalgische Tango-
  treff wurde 2016 geschlossen und
  wird derzeit renoviert. Das Datum der
  Wiedereröffnung steht noch nicht fest,
  obwohl sich Tangofreunde bereits
  lautstark beschweren.
- **Parakultural** [H9]
  Schöner altmodischer Tanzpalast.
  ! Mo, Di, Fr Unterricht 19–21 und
  21–23 Uhr. Milonga ab 23 Uhr im
  Salon Canning.
  Scalabrini Ortiz 1331
  Palermo
  Tel. (011) 4833 3224
  www.parakultural.com.ar
- **La Viruta** [H9]
  Junges Publikum. Unterricht: Di, Fr,
  Sa 19–20.30, Mi, Do 18.30–20, Do,
  Fr, Sa 22.30–24, So, 20.30–22 Uhr, an-
  schließend Tanz. **50 Dinge** ① › S. 12.
  Armenia 1366 | Palermo
  Tel. (011) 4775 0160
  www.lavirutatango.com
- **Centro Cultural Borges** [c3]
  Tangoschule, Unterricht Mo–Sa
  10–21, So 12–21 Uhr.
  Sede Centro | Viamonte
  esq. San Martín | San Nicolás
  Tel. (011) 5555 5358/9
  www.ccborges.org.ar

**Sonntagvormittags gibt es auf der
Plaza Dorrego im Tangoviertel San
Telmo › S. 66 einen FLOHMARKT und
TANGOTANZ auf der Straße.**

DER NORDWESTEN

Kleine Inspiration

- **Die Ruinen von Quilmes erwandern** für einen spektakulären Blick über das Tal › S. 82
- **Ein Lamagericht kosten** in einem Restaurant in Cafayate › S. 83
- **Das koloniale Flair der Stadt Salta auf sich wirken lassen** auf einer Parkbank unter einem Orangenbaum › S. 86
- **Die rote Steinlandschaft bewundern** auf dem Paseo de los Colorados in Purmamarca › S. 89
- **Einen Ausflug nach Iruya unternehmen** und sich eine Nacht im herrlich gelegenen Hotel Iruya gönnen › S. 90

Grandiose Andenszenerien mit Riesenkakteen, beeindruckenden Vulkanformationen und Salzwüsten prägen das Landschaftsbild des Nordwestens. Die Quebrada de Humahuaca zählt zum UNESCO-Weltkulturerbe.

In den Andenprovinzen Salta und Jujuy ticken die Uhren anders. Die einheimische Bevölkerung auf dem Land spricht noch Ketschua, die Sprache der Inkas. Bis Argentinien im Jahr 1776 zum eigenen Vizekönigreich des spanischen Königs ernannt wurde, war es »Alto Perú«, dem bis dahin einzigen südamerikanischen Vizekönigreich angeschlossen. Wer vom Süden in die Hauptstadt Lima wollte, musste durch Salta und Jujuy reisen. Bis heute sind beide Provinzen indianisch und spanisch geprägt: Weiß getünchte Lehmbauten mit mächtigen Holztüren und verziertem Vordach aus Algarrobo- oder Kakteenholz säumen die Provinzstraßen. Während der Siesta döst der Norteño (Nordargentinier) im Schatten vor dem Haus, am Abend trifft man sich auf ein Schwätzchen zum Mate.

Die Salteños, wie die Bewohner der Provinz Salta genannt werden, sind stolze Reiter. Ihre Tracht ist der rot-schwarz gestreifte Poncho, ihr Erkennungszeichen der breite Lederschutz. Der berühmte Zamba-Sänger Jorge Cafrune, »El Gaucho«, der 1937 auf der Estancia La Matilde (Provinz Jujuy) geboren wurde, verkörperte das einsame, entbehrungsreiche Leben in den Anden.

Kandelaberkakteen im Nationalpark Los Cardones

Chilischoten beim Trocknen

Die Schotterpisten im Nordwesten führen über einsame Pässe mit atemberaubenden Ausblicken auf grandiose Andenlandschaften in allen möglichen Farbtönen. In der Schlucht Quebrada de Humahuaca (UNESCO-Weltkulturerbe) kann man Reste der einst von den Inkas errichteten Stützpunkte sehen.

Im Süden der Provinz Salta ragen im Nationalpark Los Cardones riesige Kandelaberkakteen in den Himmel. Ziegenherden, Kolonialkirchen und die Weingüter der Oase Cafayate prägen die Landschaft.

Die Hauptstadt der benachbarten Provinz Tucumán ist hinsichtlich der Akklimatisierung ein guter Ausgangsort für eine Einwegreise nach Salta, da der Ort auf nur 450 m Höhe liegt. Salta (1187 m) kann aber auch direkt angeflogen werden.

Touren in der Region

Die Salta-Süd-Route

Route: San Miguel de Tucumán › Tafí del Valle › Quilmes › Cafayate › Valles Calchaquíes › Cachí › Nationalpark Los Cardones › Salta

Karte: Seite 80
Dauer: 4–5 Tage (ca. 550 km)
Praktischer Hinweis:
- Man kann mit dem Flugzeug, Zug oder Fernbus von Buenos Aires nach Tucumán reisen und von dort einen Mietwagen (ein Weg) bis Salta nehmen oder diese Tour mit Fahrer und Unterkünften vorbuchen.

Tour-Start:

Von **San Miguel de Tucumán 1** › S. 79 führt die Reise entlang riesiger Zuckerrohrfelder und Raffinerien in die Schlucht des Río Los Sosa, an deren feuchten Hängen Bromelien und Orchideen wachsen. Auf der ersten Hochebene liegt in 1976 m Höhe das Dorf **Tafí del Valle 2** › S. 81. Hierher kommen am Wochenende die *Tucumeños*, um der feuchten Hitze in der Ebene zu entfliehen. Tafí ist auch die erste Übernachtungsstation der Tour.

Über den Pass **El Infiernillo** mit 3042 m Höhe führt die Tour nach Norden über **Amaichá del Valle 3** › S.82 zu den **Ruinas de Quilmes 4** › S. 82. Hier, zwischen Büschen und Kakteen, kleben die nachgebauten

Wohnstätten der Quilmes-Indianer eindrucksvoll am kahlen Bergrücken. Langsam wird das karge Andenhochtal zur riesigen Weinanbaufläche. Es sind die Reben der bekannten Weingüter von **Cafayate 5** › S. 82. Eine Bodega-Besichtigung mit Weinprobe und anschließender Übernachtung im Weindorf runden den Tag ab.

Ein Abstecher zur **Quebrada de Cafayate 6** › S. 83 lohnt sich, bevor es weitergeht auf der Schotterpiste in die **Valles Calchaquíes** › S. 84, das Tal des Río Calchaquí, mit wunderschönen Felsformationen und kleinen Lehmhäuschen ab **San Carlos 7**.

In **Molinos 8** › S. 84 sollte man die kleine Kolonialkirche besuchen, in **Seclantás 9** › S. 85 gibt es Weber, die im Freien an ihren großen Webstühlen sitzen. **Cachí 10** › S. 85 hat einen malerisch auf dem Berg gelegenen Friedhof, von dem man einen schönen Ausblick auf das Dorf und die umliegenden Gipfel hat. In Molinos/Colomé oder Cachí empfiehlt es sich, eine Nacht zu bleiben. Von März bis Juni liegen überall geerntete Chilischoten *(ají)* und Zwiebeln zum Trocknen aus. Papageien fliegen über die Maisfelder und holen sich ihren Teil.

Bis zur Provinzhauptstadt **Salta 13** › S. 86 sind es noch 162 km, die zuerst hoch in den **Nationalpark Los Cardones 11** › S. 86, über den Pass **Cuesta del Obispo 12** (3548 m) › S. 86 und dann hinunter ins Tabakanbaugebiet von Salta führen.

Zur Quebrada de Humahuaca

Route: Salta › San Antonio de los Cobres › Salinas Grandes › Purmamarca › Quebrada de Humahuaca › Salta

Karte: Seite 80
Dauer: 3–4 Tage (ca. 950 km)
Praktischer Hinweis:
• Mit dem Flugzeug oder Überlandbus von Buenos Aires nach Salta reisen und von dort einen Mietwagen nehmen; alternativ mit Fahrer und Unterkünften vorbuchen.

Tour-Start:

Die Tour beginnt mit einem Stadtrundgang im Kolonialstädtchen **Salta** 13 › S. 86. Es ist sinnvoll, in Salta zwei Nächte zu verbringen, um sich vor der Reise ins Andenhochland zu akklimatisieren.

Auf der ersten Etappe der Reise windet sich die Schotterpiste entlang der Bahnlinie des **Zugs zu den Wolken** › S. 26 in Serpentinen gleich bis auf 3775 m Höhe nach **San Antonio de los Cobres** 14 › S. 88. Auf dem Weg liegt die archäologische Stätte **Santa Rosa de Tastil** › S. 88 mit Museum. Die Übernachtung auf fast 4000 m Höhe in San Antonio ist nicht ohne. Wem die Höhe zusetzt, reist lieber weiter und übernachtet in **Purmamarca** 17 › S. 89 auf nur 2192 m. Auf dem Weg dorthin kann man einen Abstecher zum großen Salzsee **Salinas Grandes** 18 › S. 89 unternehmen, bevor es über den 4170 m hohen Pass Abra de Potrerillos wieder bergab geht.

Um die von der UNESCO geschützte **Quebrada de Humahuaca** › S. 88 mit ihren kolonialen Dörfern, bunten Märkten und interessanten archäologischen Stätten ohne Hetze erleben zu können, sollten Sie mindestens zwei Übernachtungen in **Purmamarca** 17 › S. 89 oder **Tilcara** 20 › S. 89 einplanen. Wer abends ein Thermalbad nehmen möchte, übernachtet im Hotel Termas de Reyes › S. 88, 25 km von San Salvador de Jujuy entfernt. Auf dem Rückweg nach Salta lohnt ein Halt am Bahnhof in **Volcán** 16 › S. 88.

Unterwegs im Nordwesten

San Miguel de Tucumán 1 [E4]

Die Universitätsstadt Tucumán ist die »Hauptstadt des Zuckerrohrs« und der Ort, in dem am 9. 7.1816 in der **Casa de la Independencia** (Calle Congreso 151) die Unabhängigkeit Argentiniens verkündet wurde. An der Plaza Independencia steht die zwischen 1845 und 1852 erbaute neoklassizistische **Kathedrale**.

Im **Museo Folklórico** in der Av. 24 de Septiembre 565 ist das Leben der Ureinwohner dokumentiert.

Das Museum über die Geschichte des Zuckerrohrs befindet sich im **Wohnhaus des Erzbischofs Colombres** im Parque Centenario 9 de Julio, östlich des Zentrums. Er hat die Nutzpflanze Anfang des 19. Jhs. in der Provinz eingeführt.

Info

Tucumán Turismo
- Av. 24 de Septiembre 484
  Pl. Independencia | S. M. de Tucumán
  Tel. (0381) 430 3644
  www.tucumanturismo.gob.ar

Hotels

Garden Park €€
Bestes Hotel, an der Plaza, mit Schwimmbad und großem Garten.
- Av. Soldati 330 | Plaza Independencia
  S. M. de Tucumán
  Tel. (0381) 431 0700
  www.gardenparkhotel.com.ar

Mediterraneo €€
Schönes kleines Hotel, 100 m von der Plaza entfernt, mit Garage.
- Av. 24 de Septiembre 364
  S. M. de Tucumán
  Tel. (0381) 431 0025

Touren im Nordwesten

Tour ④

Die Salta-Süd-Route

San Miguel de Tucumán › Tafí del Valle › Quilmes › Cafayate › Valles Calchaquíes › Cachí › Nationalpark Los Cardones › Salta

Tour ⑤

Zur Quebrada de Humahuaca

Salta › San Antonio de los Cobres › Salinas Grandes › Purmamarca › Quebrada de Humahuaca › Salta

Restaurants

El Portal €€€
Traditionelles Restaurant mit exquisiter regionaler Küche. Spezialität: *locro* (Bohneneintopf mit Gemüse und Speck).
- Av. 24 de Septiembre 351
  S. M. de Tucumán | Tel. (0381) 422 6024

Juana €€
Feinschmeckerrestaurant mit Grillspezialität *mollejas* (Bries). Über 200 Weinsorten, Park-Terrasse.
- Parque 9 de Julio | Av. R. Paz Posse s/n
  S. M. de Tucumán | Tel. (0381) 422 5508

Nightlife

Peña El Cardón €€
Folkloreabende in historischen Räumen, dazu regionale Gerichte.
- Las Heras 50 | S. M. de Tucumán
  Tel. (0381) 585 0860

Ausflüge ab San Miguel de Tucumán

Sierra de San Javier [E4]

Der Parque Provincial Sierra de San Javier wenige Kilometer westlich der Stadt umfasst eine Fläche von 19 000 ha und gehört der Universität Tucumán. Der Wald mit Zedern, Nussbäumen und einer endemischen Myrtenart dehnt sich bis auf 1500 m Höhe aus. In ihm leben u. a. vom Aussterben bedrohte Ozelote.

Termas del Río Hondo [E5]

Wer die Nordwesttour entspannt angehen möchte, kann vor dem Start ins Hochland die Thermalquellen in der benachbarten Provinz Santiago del Estero genießen. Das traditionelle Thermaldorf liegt nur 85 km von Tucumán entfernt.

Hotels

Los Pinos Resort & Spa Termal €€€
Luxuriöses Spa-Resort mit Thermal-Badelandschaften im Garten und sehr guter Küche.
- Maipú | Termas del Río Hondo
  Tel. (03858) 421 043
  www.lospinoshotel.com.ar

Termal Río Hondo €€
Kleines Hotel mit Thermalschwimmbad und Ganzkörpermassage; zentral
- Sarmiento 119 | Termas del Río Hondo
  Tel. (03858) 421 455

Tafí del Valle 2 [D4]

107 km südwestlich von Tucumán liegt Tafí del Valle in der Andenhochebene über dem Stausee La Angostura auf 2000 m Höhe. Das Tal war vom 4.–9. Jh. von den Tafí aus dem Stamm der Diaguita besiedelt. Sie legten magische Steinkreise aus zylindrisch geformten, bis zu 3 m hohen Menhiren an.

Info

La Casa del Turista
- Calle Los Faroles s/n | Tafí del Valle
  Tel. (0381) 15 594 1039
  www.tafidelvalle.gob.ar

Hotels

Estancia Los Cuartos €€
Estancia aus dem 18. Jh. mit 7 Gästezimmern, eigener Käseproduktion, guter Küche und Bibliothek. Organisierte Ausritte, Wanderungen und Ausflüge.

- Miguel Critto s/n | Tafí del Valle
Tel. (0381) 15 587 4230
www.estancialoscuartos.com

Restaurants

Castillo de Piedra €€
Regionale Spezialität *cordero con vegetales de la huerta*, Lamm an Gemüse,
das aus dem Eigenanbau der Gourmet-
köchin stammt. Reservieren!
- Av. de los Jesuitas s/n | La Banda
Tafí del Valle | Tel. (0381) 471 4087.

El Portal de la Villa €–€€
Recht schickes Café-Restaurant an der
Hauptstraße mit preiswerten Steaks.
Av. Perón 221 | Tafí del Valle
Tel. (03867) 421 065

Die Quilmes

Die Quilmes waren der kriegerischste
Stamm der Calchaquí-Täler. Erst nach
35 Jahren Kampf konnten die Spanier
sie schließlich 1665 besiegen.

Auf Befehl des Gouverneurs von
Tucumán, Don Alonso de Mercado y
Villacorta, wurden die verbliebenen
260 Familien zu einem Fußmarsch
von über 1000 km nach Buenos Aires
gezwungen. Dort sollten sie zum
katholischen Glauben bekehrt werden und als Zwangsarbeiter Buenos
Aires mit aufbauen. Doch dazu kam
es nicht: Die entwurzelten Hochland-
menschen hatten in der Stadt kaum
Nachkommen, und nur wenige überlebten die Pockenepidemie 1681.

Heute erinnert noch der Name eines
Vorortes von Buenos Aires, in dem
das gleichnamige Bier gebraut wird,
an die stolzen Quilmes-Indianer.

Amaichá del Valle 3 [D4]

Am Río Amaichá zwischen Tafí del
Valle und den Quilmes-Ruinen liegt
Amaichá del Valle. Im Februar wird
in Amaichá zu Ehren von *Pachamama* (Mutter-Erde-Gottheit) das
indianische Erntedankfest gefeiert,
das sich mit dem Glauben der spanischen Eroberer vermischt hat. Die
Dorfbewohner legen u. a. Cocablät-
ter und Zigaretten als Opfergaben
auf den Altar der Dorfkirche.

Ruinas de Quilmes 4 ★ [D4]

An einem Berghang liegen die ehemaligen Wohnstätten des Quilmes-
Stammes, von denen nur noch die
(restaurierten) Grundmauern erhalten sind. Sie ermöglichen einen Spaziergang durch das einstige Dorf.

Cafayate 5 [D4]

Der wichtigste Ort der Valles Calchaquíes ist Cafayate (12 000 Einw.)
auf 1700 m Höhe. Um Cafayate liegt
das Hauptanbaugebiet der für Argentinien charakteristischen Weißweintraube Torrontés. Weingüter
und Unterkünfte im Kolonialstil la-
den zum Verweilen ein.

In der Calle Gral. Güemes 287
gibt es ein **Weinmuseum,** das sich der
Geschichte des Weinbaus in der Region widmet. Zentrum des Ortes ist
die Plaza mit einer schönen Kolonialkirche.

Infos

Información turística

- Av. General Güemes s/n | Cafayate
  Tel. (03868) 422 442
  www.turismosalta.gov.ar

Hotels

Altalaluna €€

Stilvoll renovierte Bodega aus dem Jahr
1892 mit Pool und Garten.

- Ruta 40, km 4326 | 14 km vor Cafa-
  yate | Tolombon | Tel. (0387) 461 0283
  www.altalaluna.com

Weißweinreben in Cafayate

Hotel Killa €

Stilvolles, gemütliches Familienhotel mit
Pool und Garten in der Ortsmitte.

- Colón 47 | Cafayate
  Tel. (03868) 422 254
  www.killacafayate.com.ar

Restaurants

La Casa de las Empanadas €€

Der Name ist Programm: Hier gibt es
eine besonders vielfältige Auswahl an
lokalen *empanadas* und leckeres Sandwich de Milanese. **50 Dinge** ⑭ › **S. 13.**

- Mitre 24 | Cafayate
  Tel. (03868) 15 45 4111 | Mo geschl.

Pacha Resto Bar €€

Selbst für argentinische Verhältnisse
sind die Steaks hier außergewöhnlich
gut. Aufmerksamer Service.

- Belgrano 92 | Cafayate
  Tel. (03868) 63 9002
  www.facebook.com/Pacharestau
  rantecafayate

Weingüter

Domingo Hermanos

160 ha Weinbau bis auf 2200 m Höhe,
prämierter Cabernet Sauvignon.

- Nuestra Sra. Del Rosario y 25 de Mayo
  Cafayate | Tel. (03868) 421 225
  www.domingohermanos.com

Etchart

Seit 1850 bestehende Bodega, 360 ha,
prämierter Torrontés.

- Ruta 40, km 4338 | Cafayate
  Tel. (03868) 421 310
  www.bodegasetchart.com

Finca Quara

Bodega im Kolonialstil, 360 ha, prämierter Torrontés. **50 Dinge** ⑰ › **S. 14.**

- Ruta 40, km 4340 | Cafayate
  Tel. (03868) 421 709
  www.fincaquara.com

Quebrada de Cafayate 6 [D4]

Die riesigen Felsformationen der
Cafayate-Schlucht im Tal des Río de
las Conchas befinden sich entlang
der Ruta 68, die von Cafayate über
La Viña nach Salta führt. **El Anfitea-
tro** (Amphitheater) und **Garganta
del Diablo** (Teufelsrachen) sind die

eindrucksvollsten Sandsteingiganten. Unterwegs werden an Parkplätzen *artesanias* (Kunsthandwerk) und *quesos* (Ziegenkäse) angeboten.

Valles Calchaquíes ⭐3

Die Ruta 40 führt durch malerische Landschaften entlang dem Río Calchaquí von Cafayate bis Cachí. Kleine Dörfer liegen an der Schotterpiste, man sieht Lehmhäuschen mit Algarrobo-Bäumen, Gartenzäune, die aus trockenen Ästen zusammengesteckt wurden, fruchtbare Kümmel-, Zwiebel- und Ají-Felder und im Hintergrund Sechstausendergipfel der Anden.

San Carlos 7 [D4]

15 km von Cafayate liegt San Carlos. Dieser Ort war der erste, den die Spanier 1551 in den Calchaquí-Tälern gegründet haben. Im Arkaden-

bau an der Plaza kann man die Arbeiten der einheimischen Künstler begutachten. Die **Quebrada de las Flechas** (Pfeilschlucht) ist das landschaftliche Highlight an der Ruta 40, mit bizarren Felsformen, die wie Pfeile aussehen.

Molinos 8 [D3]

Im etwa 80 km von Cafayate entfernten Molinos ist die Dorfkirche aus dem Jahr 1659 sehenswert, in der einige koloniale Heiligenfiguren und Jesus Menschenhaar tragen; das Haar soll von einer Gläubigen des Dorfes gespendet worden sein. Der mumifizierte Körper des letzten spanischen Gouverneurs von Salta und Erbauers der Kirche, Don Nicolás Isasmendi Echelar, ist in der Kirche aufgebahrt.

Ausflug zur Estancia Colomé ⭐ [D3]

Von Molinos lohnt sich ein Abstecher zur 20 km entfernt gelegenen Estancia Colomé auf 2300 m Höhe (Ruta 53, km 20, www.bodegacolome.com/estancia), ein idyllisch gelegenes Weingut aus dem 19. Jh. Hier wird unter Schweizer Regie Weinbau bis auf 3000 m Höhe betrieben. Den prämierten Malbec kann man in der Bodega verkosten.

Auf dem Weg dorthin passiert man 5 km von Molinos entfernt in **Coquena** ein **Vicuña-Reservat**. Vicuñas gehören zur Familie der Lamas (Kleinkamele). Sie leben wild in Herden im Andenhochland. Jahrelang waren sie vom Aussterben bedroht, weil sie wegen ihrer wertvollen Wolle gewildert wurden.

Estancia Colomé bei Molinos: Weinbau zwischen 2000 und 3000 m Höhe

Seclantás 9 [D3]

Die Kirche in Seclantás wurde wie die in Molinos nach dem Vorbild der Kathedrale in Puno (Peru) gebaut. Vor Seclantás wohnt **Weberfamilie Tero Guzmán,** die schon für Papst Johannes Paul II. einen Poncho gewebt hat. **50 Dinge** 36 › S. 16.

Cachí 10 [D3]

Flussaufwärts liegt auf 2280 m das koloniale Städtchen Cachí am Fuße des 6720 m hohen Gipfels Nevado de Cachí. Die Straßenschilder sind aus Kakteenholz geschnitzt. An der kleinen Plaza befinden sich die Kirche und das **Museo Arqueológico,** in dem Keramik- und Textilarbeiten der Ureinwohner ausgestellt sind.

Hotels

Hostal Llaqta Mawk'a €€
Zentral gelegen, künstlerisches Ambiente, Garten mit Pool, Familienzimmer.

• Ruiz de los Llanos s/n | Cachí
Tel. (03868) 491 016
www.puebloantiguocachi.com.ar

Hostería Cachí €€
500 m oberhalb der Plaza gelegen, schöner Garten, Restaurant, Pool.
• Ruta 40, km 1237 | Cachí
Tel. (03868) 491 904
www.hosteriacachi.com.ar

Restaurants

Ashpamanta €€
Regionale Küche: *empanadas andinas* (gefüllte Teigtaschen), *lomo de llama con vegetales* (Lamalende mit Gemüse).
• Bustamante | Cachí
Tel. (0387) 15 578 2244

El Zapallo €€
Spezialität: *cabrito a la parrilla* (Ziegenfleisch vom Grill).
• Benjamín Zorrilla s/n | Cachí
Tel. (0387) 1 5456 9585

SEITENBLICK

Der Algarrobo

Der Johannisbrotbaum ist *der* Baum (spanisch: *el arbol;* ketschua: *tacu*) im Nordwesten Argentiniens. Er liefert das Lebenselixier der Einheimischen. Im September blüht er, und zu Weihnachten reifen die 20 cm langen Schoten. Ihre nahrhaften Früchte enthalten Calcium, Proteine, Eisen, Vitamine und Stärke. Schon die Ureinwohner hatten auf ihren langen Märschen zur Stärkung immer Johannisbrot in der Tasche. Die Schoten des **Weißen Algarrobo** werden mit dem Mörser zu Mehl zerstoßen und mit etwas Wasser zu einer Masse geknetet. Daraus wird *patay,* das Brot der Ureinwohner, gebacken. Aus den Schoten des **Schwarzen Algarrobo** wird *añapa* (Saft) gemacht. Añapa wird erhitzt auch als Muttermilchersatz verwendet, wenn kein Geld für Kuhmilch zur Verfügung steht. Der Saft vergärt nach sieben Tagen zu *chicha* oder *aloja.* Die leeren Schoten sind wertvolles Viehfutter. Die Rinde enthält schwarze Farbstoffe für das Färben der Wolle und Tannin, um Tierhäute zu gerben. Das **rötliche Algarrobo-Holz** ist ein beliebtes Hartholz für den Möbel- und Hausbau. Als Brennholz hat es den Wert von Steinkohle. Der Algarrobo spendet Schatten für die Siesta und ist das Zentrum jeder Fiesta.

Parque Nacional Los Cardones 11 ⭐ [D3]

Nordöstlich von Cachí liegt der Nationalpark Los Cardones. Die bis zu 10 m hohen Kandelaberkakteen (*cardones*) ragen in den immerblauen Himmel; Vögel nisten zwischen den Stacheln. Die Kakteen gedeihen in 2000 bis 3500 m Höhe und blühen erst ab einem Alter von 40 Jahren – allerdings nur einen Tag lang. Ihre Frucht ist essbar. Die *cardones* sind der Indikator für menschliches Leben in den Hochlandtälern. Über Jahrhunderte sind an den Stellen Kakteen gewachsen, an denen die ersten Bewohner der Täler gelebt haben. **50 Dinge** ㉛ › **S. 15.**

Die Iglesia San Francisco in Salta

Cuesta del Obispo 12 ⭐ [D3]

Über den Pass Cuesta del Obispo (3548 m) führt die Ruta 33 als Schotterpiste und atemberaubend schöne Serpentinenstraße bis zu den Tabakfeldern ins Valle de Lerma. Die Landschaft wird grüner, die Vegetation üppiger.

Salta 13 ⭐ [D/E3]

In Salta hat man den spanischen Kolonialstil bewahrt und historische Gebäude erhalten, deswegen wird die Stadt auch *la linda* (die Schöne) genannt. Um sich einen Überblick über die im Tal auf 1200 m gelegene Provinzhauptstadt (554 000 Einw.) zu verschaffen, bietet sich eine Seilbahnfahrt vom **Parque San Martín** auf den Hausberg **Cerro San Bernardo** an. Am Fuß des Cerro erzählt das **Museo Antropológico** die Geschichte der Menschen in der Region (www.antropologico.gov.ar, Mo–Fr 8–19, Sa 10–18 Uhr). Von hier kommt man über den Paseo Güemes zum Hauptplatz.

Die **Plaza 9 de Julio** ist das Zentrum von Salta, das 1582 von Hernando de Lerma gegründet wurde. An der Nordseite der Plaza steht die **Kathedrale,** die nach einem Brand im Jahr 1858 neu aufgebaut wurde. Der mächtige Altar ist eine einzige Goldpracht. Patronin der Kirche ist die Virgen del Milagro (Jungfrau der Wunder). An der Westseite der Plaza zeigt das **Museo de Arqueología de Alta Montaña (MAAM)** in

Rotation jeweils eines der drei perfekt erhaltenen Mumien von auf dem 6700 m hohen Vulkan Llullaillaco geopferten Inka-Kindern nebst kostbaren Grabbeigaben (www. maam.gob.ar, Di–So 11–19.30 Uhr). Im **Cabildo Histórico,** dem früheren Rathaus von 1780, ist das Museo Histórico del Norte untergebracht.

Folgt man der Calle Caseros hundert Meter nach Osten, kommt man zur **Iglesia San Francisco** aus dem Jahr 1796. Die auffällige, rot-goldweiße Franziskanerkirche im Barockstil mit ihrem freistehenden, 57 m hohen Glockenturm ist zum Wahrzeichen Saltas geworden. In derselben Straße (Caseros y Lavalle) liegt das Kloster **Convento de San Bernardo** im schlichten Kolonialstil.

Vor der Stadt Salta, im **Valle de Lerma,** wachsen auf riesigen Feldern Tabakpflanzen. Der Tabak ist eine wichtige Einnahmequelle.

Info
Turismo Salta
- Calle Buenos Aires 93 | Salta
  Tel. (0387) 431 0950
  http://turismo.salta.gov.ar

Hotels
El Lagar €€€
Koloniales Luxushotel mit Garten und Pool. Besitzerfamilie Etchart gehört auch das Weingut San Pedro de Yacochuya.
- 20 de Febrero 877 | Salta | Tel. (0387) 431 9439 | www.argentinaturismo.com.ar/hotelellagar

Carpe Diem €
Familiäre, zentral gelegene Frühstückspension im Kolonialstil mit Garten.

- Urquiza 329 | Salta
  Tel. (0387) 421 8736
  www.carpediemsalta.com.ar

Restaurants
El Charrúa €€
Leckere Grillspezialitäten.
- Caseros 221 | Salta
  Tel. (0387) 432 1859
  www.parrillaelcharrua.com.ar

El Patio de las Empanadas €
Regionale Spezialitäten wie *empanadas salteñas, humitas* und *tamales.*
- San Martín y Islas Malvinas | Salta
  Tel. (0387) 431 4484

Nightlife
Peña Boliche Balderrama €€
Historische Zamba-Abende.
- Av. San Martín 1126 | Salta
  Tel. (0387) 421 1542

Peña La Casona del Molino €€
Regionale Küche, authentische Folkloreabende mit Gitarrenklängen.
- Luis Burela 1 (Caseros al 2600)
  Salta | Tel. (0387) 434 2835

Shopping
Markthalle
! Regionale Köstlichkeiten, Früchte und Wein in Hülle und Fülle.
- Florida / Ecke San Martín | Salta

Casa El Alto Molino
Großer Kunsthandwerkermarkt.
- Calle San Martín 2555 | Salta

Aktivitäten
Von Salta startet der Touristenzug **Tren a las Nubes** (Zug zu den Wolken) ins Andenhochland bis auf 4000 m › **S. 26.**

San Antonio de los Cobres 14 [D3]

San Antonio liegt auf 3775 m an der Strecke des **Zugs zu den Wolken** › **S. 26**. Die Bewohner arbeiten in der Kupfermine und leben von der Verarbeitung von Lama- und Schafwolle. An der Serpentinen-Schotterpiste nach San Antonio liegt die archäologische Stätte **Santa Rosa de Tastil** mit einem kleinen Museum.

Hotel

Hotel de las Nubes €€
Einzige Unterkunft, Reservierung wichtig; einfache regionale Gerichte.
• Ruta 51 | San Antonio de los Cobres
 Tel. (0387) 432 1322
 www.hoteldelasnubes.com

San Salvador de Jujuy 15 [E2/3]

120 km nördlich von Salta liegt die Hauptstadt der Provinz Jujuy (265 000 Einw.), die 1593 gegründet wurde. Die **Kathedrale** in Jujuy stammt aus dem Jahr 1765. Darin befindet sich der *pulpito*, die angeblich wichtigste koloniale Holz-Barockarbeit Argentiniens. Weitere sehenswerte Kolonialbauten der Stadt sind die **Capilla Santa Barbara** (Lamadrid/Ecke San Martín) und das ehemalige Wohnhaus des Freiheitshelden Lavalle, das **Museo Histórico Juan Galo Lavalle**. Das Regierungsgebäude **Casa de Gobierno** im französischen Stil stammt aus dem Jahr 1927.

Info

Secretaría de Turismo y Cultura
• C. Ignacio Gorriti 295 | S. S. de Jujuy
 Tel. (0388) 422 1325
 www.turismo.jujuy.gov.ar

Hotel

Termas de Reyes Hotel & Spa €€€
Traditionelles, luxuriöses Thermalhotel mit großem Spa-Bereich (ab 16 Jahre).
• Ruta 4, km 19 | Quebrada de Reyes
 Tel. (0388) 424 9700
 www.termasdereyes.com

Restaurant

Manos Jujeñas Comidas Regionales €
Vorzügliche Küche des Nordwestens, v. a. *empanadas* und *locro* schmecken wunderbar. Dazu gibt's regionalen Wein.
• Senador Pérez 379 | S. S. de Jujuy
 Tel. (0388) 424 3270

Shopping

Der **Mercado del Sur** mit Handarbeiten und Kunsthandwerk liegt an der Kreuzung der Straßen Dorrego und Iguazú.

Quebrada de Humahuaca ✪

40 km nördlich von San Salvador de Jujuy beginnt mit dem Dorf **Volcán** 16 [D/E2] die beeindruckende Schlucht Quebrada de Humahuaca, das von der UNESCO als Weltkulturerbe geschützte Sieben-Farben-Tal, das bis zur bolivianischen Grenze reicht. Durch die Schlucht führte der *Camino de los Inca*, eine alte Inkastraße. Im **alten Bahnhofsgebäude** von Volcán bieten Frauen

aus den umliegenden Dörfern aus-gefallene **!** Strick-, Web- und Kera-mikarbeiten zum Verkauf an.

Volcán liegt an der stillgelegten Zugstrecke Salta–La Quiaca. Die Schienen sind teilweise noch erhal-ten, immer wieder findet man Ei-senbahnbrücken oder Holzstrom-masten, die die Ruta 40 begleiten.

Purmamarca **17** [D/E2]

Das touristische Andendorf liegt 4 km vom Haupttal entfernt auf 2192 m Höhe. Von Purmamarca aus bietet sich der »Prospektblick« auf die »Malerpalette« der Quebra-da de Humahuaca. Am Friedhof beginnt der Panorama-Rundwan-derweg (1,5 Std.) **Paseo de los Colo-rados,** der durch die wunderschöne rote Sandsteinlandschaft zum Mira-dor und wieder zurück ins Dorf führt. An der Plaza befinden sich die Kolonialkirche Santa Rosa und der historische **Algarrobo** › S. 85, der über 700 Jahre alt sein soll.

Hotel
Hostería del Amauta €€
100 m von der Plaza entfernt gelegen, geschmackvolle Einrichtung.
- Salta s/n | Purmamarca
  Tel. (0388) 490 8043
  www.hosteriadelamauta.com

Restaurant
La Comarca €
Das Restaurant des Hotels serviert *Sopa del día,* Salate, Quinoa- und Fleischge-richte; dazu gibt es exquisite Weine.
- Ruta 52, km 3,8 | Purmamarca
  Tel. (0388) 490 8001
  www.lacomarcahotel.com.ar

Das beeindruckende Sieben-Farben-Tal ist UNESCO-Weltkulturerbe

Ausflug nach Salinas Grandes **18** [D2]

63 km von Purmamarca entfernt, über dem Pass Abra de Potrerillo (4170 m), liegt das über 12 000 ha große Salzmeer Salinas Grandes, aus dem heute noch wie vor 500 Jahren mit Pickel und Schaufel Salz abge-baut wird. **50 Dinge** ㉓ › S. 14.

Posta de Hornillos

3 km vor **Maimará 19** [E2] liegt der ehemalige Inka-Vorposten Posta de Hornillos mit einer kleinen weißen Kolonialkirche und einem Muse-um. Hier haben einst auch die Spa-nier, die vom Vizekönigreich Ar-gentinien nach Alto Perú unterwegs waren, Rast gemacht.

Tilcara **20** [E2]

Tilcara ist durch seine 70 m über dem Fluss gelegene, teilweise re-konstruierte Inkafestung **Pucará** ein kulturhistorisch wichtiger Ort im

Tal. Daneben befindet sich ein kleiner botanischer Garten mit einheimischen Pflanzen und Gewürzen. Im **Museo Arqueológico Doctor Eduardo Casanova,** 100 m von der Plaza entfernt, sind über 3000 Artefakte von archäologisch und antropologisch hohem Wert ausgestellt. Auf der Plaza ist täglich Markt. In der Kirche **Nuestra Señora del Rosario** aus dem Jahr 1797 sind Ölbilder der Cuzco-Schule zu sehen.

In **Uquía,** nördlich von Tilcara, steht eine Kolonialkirche mit einem beeindruckenden schmiedeeisernen Türschloss. Vor der Kirche bieten die Bewohner einfache, aber stilvolle Keramikarbeiten mit Indianermotiven an. **50 Dinge** �37 › **S. 16.**

Hotel
Posada de Luz €€
Familiäre Unterkunft, geschmackvolle Zimmer mit kleinem Ofen und Terrasse.
• Ambrosetti 661 | Tilcara
  Tel. (0388) 495 5017
  www.posadadeluz.com.ar

Restaurant
El Patio €€
Regionale Spezialitäten wie *pastel de quinua* und selbst gemachte Pasta.
• Lavalle 352 | Tilcara
  Tel. (0388) 495 5044

Humahuaca ㉑ [E2]
Humahuaca ist mit ca. 10 000 Einwohnern auf 2500 m Höhe der größte Ort in der Humahuaca-Schlucht. Zugfreunde sollten sich den verlassenen Bahnhof mit seinem verzierten Holzvordach ansehen. Auf der Plaza ist täglich Markt.

In der Kirche **Nuestra Señora de la Candelaria** von 1641 hängen Ölgemälde des Cuzco-Malers Marcos Sapaca. Im **Museo Folklórico y Regional** sind Karnevalskostüme und Masken der Region ausgestellt.

Ausflug nach Iruya ㉒ ⭐ [E2]
74 km nordöstlich von Humahuaca führt die Ruta 13 über eine Passhöhe von 4000 m zum Dorf Iruya, das in einer Enklave der Provinz Salta liegt. Weil Iruya abseits der Touristenstrecke liegt, hat es sich seinen ländlichen Lebensstil bewahrt. Jedes Jahr wird in Iruya ein traditioneller Heiratsmarkt abgehalten, bei dem man sich seinen Partner für ein Jahr auf Probe wählen und im Jahr darauf auch wieder »abgeben« darf.

Hotel
Hotel Iruya €€
Kleines, idyllisch gelegenes Hotel mit herrlichem Ausblick und guter Küche.
• San Martin 641 | Iruya
  Tel. (03887) 482 002
  www.hoteliruya.com

La Quiaca ㉓ [D/E1]
Der Grenzort zu Bolivien ist sehr belebt: einerseits durch Arbeit suchende Bolivianer, die nach Argentinien kommen, andererseits durch Argentinier, die im bolivianischen Villazón günstig einkaufen. Eine Übernachtung in dem auf 3442 m Höhe gelegenen Ort empfiehlt sich nur, wenn man am nächsten Tag nach Bolivien einreisen will.

Monumento de la Bandera in Rosario

MISIONES UND MESOPOTAMIA

Kleine Inspiration

- **Das Flusslabyrinth des gewaltigen Río Paraná erkunden** auf einer Bootstour › S. 97
- **Fisch aus dem Río Paraná essen** › S. 99
- **Mate Rojo besuchen,** die Mate-Firma in Oberá › S. 100
- **Glitzernde Amethyste und Bergkristalle entdecken** im Urwaldboden der Mina Wanda › S. 102
- **Den Blick schweifen lassen** über Argentinien, Paraguay und Brasilien vom Aussichtspunkt in Puerto Iguazú › S. 102

Artenreiche Feuchtgebiete, Urwald und einstige Jesuitenmissionen machen den Nordosten besonders abwechslungsreich. Höhepunkt sind die berühmten Iguazú-Wasserfälle.

Im nordöstlichen Zipfel des Landes liegt im Dreiländereck von Argentinien, Brasilien und Paraguay der Nationalpark Cataratas del Iguazú , seit 1984 UNESCO-Weltnaturerbe. Mitten im Urwald von Misiones tosen die gigantischen, karamellfarbenen Wassermassen der Iguazú-Wasserfälle ins Tal.

In Misiones wächst der Mate-Strauch, aus dem das Nationalgetränk Argentiniens gewonnen wird › S. 48. Das kulturelle Glanzlicht der Provinz ist die Ruine der Jesuitenmission San Ignacio Miní aus dem Jahr 1696.

Charakteristisch für die Provinz Misiones ist die Farbkombination der grünen Urwaldbäume und Palmen auf dem rostrotfarbenen Lehmboden vor fast immer blauem Himmel und ebenso die feuchte Wärme am Tag und das abendliche Geräusch der Grillen (cigarras).

Südlich von Misiones liegt Mesopotamia, das Zweistromland Argentiniens, zwischen den Flüssen Paraná und Uruguay. Diese wasserreiche Gegend hat eine besondere Vegetation und Tierwelt mit allein über 300 verschiedenen Vogelarten. Eine Bootstour auf der Laguna Iberá sollte man deshalb auf der Reise durch Mesopotamia nicht verpassen. Das Zweistromland endet mit dem Zusammenfluss des Río Paraná und Río Uruguay nördlich von Buenos Aires.

»Glitzerndes Wasser« ist der Name der Sumpflandschaft Esteros del Iberá

Touren in der Region

 **Sümpfe im Zweistromland**

> **Route: Rosario › Parque Nacional Pre-Delta › Esquina › Naturreservat Esteros del Iberá › Posadas**
>
> **Karte:** Seite 94
> **Dauer:** 7 Tage (1062 km)
> **Praktische Hinweise:**
> - Mit dem Bus von Buenos Aires über Rosario nach Esquina, weiter mit dem Überlandtaxi bis Posadas.
> - Von Posadas kann man nach Buenos Aires zurückfliegen.
> - Im Dezember und Januar kann die Temperatur bis auf 40 °C bei sehr hoher Luftfeuchtigkeit ansteigen. Reisende mit Herz-Kreislauf-Problemen sollten diese Monate meiden.

Tour-Start:

Die Tour beginnt in **Rosario 1** › S. 96 mit einem Rundgang durch die Hafenstadt und einer Übernachtung. Der Linienbus fährt von Rosario über Santa Fé direkt nach **Esquina 3** › S. 97. Im Überlandtaxi könnte man stattdessen die interessantere Strecke auf der neuen Paraná-Brücke über Victoria fahren und unterwegs eine Bootsfahrt in den **Parque Nacional Pre-Delta 2** › S. 97 unternehmen. Die Lagunenwelt des Überschwemmungsgebiets des Paraná birgt eine vielfältige Tier- und Pflanzenwelt. Wer mit dem Bus spätabends in Esquina ankommt, übernachtet besser im kleinen Städtchen. Bei Ankunft bis zum späten Nachmittag schafft man es noch zur 46 km entfernten Estancia Buena Vista › S. 139. Zwei Tage sollte man hier verbringen, um Ausritte in die endlose Weite der Pampa genießen zu können und das Leben der Gauchos kennenzulernen.

Die kleine Landstraße führt nun entlang endloser Weiden, Reisfelder und Sumpfgebiete zum Gauchodorf Colonia Carlos Pellegrini › S. 98, dem Ausgangsort zum **Naturreservat Esteros del Iberá 4** › S. 97.

Der nächste Flughafen befindet sich in **Posadas 5** › S. 98, der Provinzhauptstadt von Misiones. Er liegt 185 km von der Einsamkeit in den Sümpfen entfernt, davon sind rund 120 km holprige Erdstraße.

 Misiones und Iguazú-Wasserfälle

> **Verlauf: Posadas › San Ignacio Miní › Santa Ana › Oberá › Eldorado › Mina Wanda › Puerto Iguazú › Nationalpark Cataratas del Iguazú**
>
> **Karte:** Seite 94
> **Dauer:** 4 Tage (302 km)
> **Praktischer Hinweis:**
> - Anreise mit Flugzeug oder Überlandbus. In Misiones fährt man mit Regionalbus oder Überlandtaxi.

0   100 km
N

Pirané
Paraguarí
90
81
55
Tres Isletas
El Colorado
Formosa
Pampa
del Infierno
1
95
R. Bermejo
General José
de San Martín
San Juan
Bautista
Campo Largo
Presidencia Roque
Sáenz Peña
90
11
P A R A G U A Y
Corzuela
89
Las Breñas
6
Presidenzia
de la Plaza
16
Margarita
Belén
Pilar
San Patricio
Charata
San
Bernando
Villa
Berthet
4
General
Pinedo
San Luis del Palmar
12
Villa Angela
Charadai
Resistencia 6 Corrientes
Béron
de Estradal
95
11
12
Ituzaingó
Santa Sylvania
42
5
Nuestra Señora del
Rosario de Caá-Catí
118
72
Villa
Guillermina
Empedrado
13
San Miguel
118
Villa
Ocampo
Saladas
11
Bella Vista
118
Esteros del Iberá
A R G E N T I N I E N
San Roque
4
6
Cia.Carlos
Pellegrini
Avellaneda
41
14
Reconquista
Alvear
La Cruz
98
12
123
Vera
Goya
Mercedes
R. Salado
1
24
119
123
Río Ibicui
12
6
Curuzú
Cuatiá
Paso de
los Libres
San Cristóbal
Esquina
39
3
23
14
Uruguaiana
San Justo
San José
de Feliciano
BR
290
13
1
30
11
La Paz
Monte
Caseros
Helvecia
Féderal
Artigas
Laguna
Paiva
6
22
Esperanza
12
14
R. Paraná
Concordia
31
Santa Fé
127
Salto
19
Santo
Tomé
María Grande
San
Salvador
M e s o p o t a m i a
U R U G U A Y
Paraná
18
Villaguay
14
de Haedo
Coronda
130
Tacuarembó
11
Villa Elisa
3
26
San Lorenzo
P.N.
Pre-Delta
2
Diamante
Nogoyá
39
San José
Colón
Paysandú
Guichón
65
Algorta
34
Victoria
12
Urdinarrain
Concepción
del Uruguay
Cuchilla
5
1 6 Rosario
Casilda
Gálvez
11
Gualeguaychú
Young

Touren in der Region

Tour ⑥

Sümpfe im Zweistromland

Rosario › Parque Nacional Pre-Delta › Esquina › Naturreservat Esteros del Iberá › Posadas

Tour ⑦

Misiones und Iguazú-Wasserfälle

Posadas › San Ignacio Miní › Santa Ana › Oberá › Eldorado › Mina Wanda › Puerto Iguazú › Parque Nacional Cataratas del Iguazú

Tour-Start:

Posadas ❺ › S. 98 ist Ausgangsort für die Tour zum Weltkulturerbe der ehemaligen Jesuitenmission **San Ignacio Miní** ❼ › S. 99. In Posadas oder direkt im Urwald bei San Ignacio Miní sollte man einmal übernachten, um genug Zeit für die Erkundung zu haben. Die Ruta 12 verbindet Posadas mit Puerto Iguazú im Norden. Um aber ein Gefühl für den argentinischen Urwald zu bekommen, empfiehlt sich ein Abstecher von der Ruta 12 in den Osten der Provinz, in dem 15 km von San Ignacio Miní die ehemalige **Jesuitenmission Santa Ana** ❽ › S. 100 liegt, ebenfalls ein UNESCO-Weltkulturerbe. In **Oberá** ❾ › S. 100 leben Nachfahren russischer und deutscher Einwanderer vom Anbau und der Verarbeitung des Mate-Tees. Interessant ist die Besichtigung einer Mate-Fabrik. Durch hügelige Landschaft, entlang der Sierra de Misiones, gelangt man auf der Ruta 14 und Ruta 11 wieder zurück auf die Hauptstraße nach **Eldorado** ❿ › S. 101. Das Immigrantenmuseum in Eldorado ist ein Stück Provinzgeschichte.

    50 km weiter nördlich befindet sich die **Mina Wanda** ⓫ › S. 102, eine Halbedelsteinmine mit Bergkristallen und Amethysten. Nur wenige Meter unter der Erdoberfläche liegen die glitzernden Urwaldschätze.

    Nach **Puerto Iguazú** ⓬ › S. 102, Ausgangsort für den **Parque Nacional Cataratas del Iguazú** ⓭ › S. 103, sind es weitere 50 km. Für den Besuch des Nationalparks sollte man mindestens zwei Tage einplanen.

Unterwegs in der Region

Rosario **1** [G8]

Die Hafenstadt am Río Paraná liegt 312 km nördlich von Buenos Aires und ist mit ihren rund 1,2 Mio. Einwohnern nach Córdoba die drittgrößte Stadt Argentiniens. Bis hierher fahren die großen Frachtschiffe vom Atlantik über den Río de la Plata, um die tonnenschweren Weizen-, Soja- und Maisladungen aufzunehmen. Wegen zahlreicher schöner Kolonialbauten nennt man Rosario auch Klein Buenos Aires.

Den Rundgang beginnt man am besten am **Monumento de la Bandera,** dem Wahrzeichen der Stadt. Der 70 m hohe Turm am Flussufer wurde 1957 eingeweiht und erinnert daran, dass in Rosario 1812 zum ersten Mal die argentinische Flagge gehisst wurde. Von oben hat man

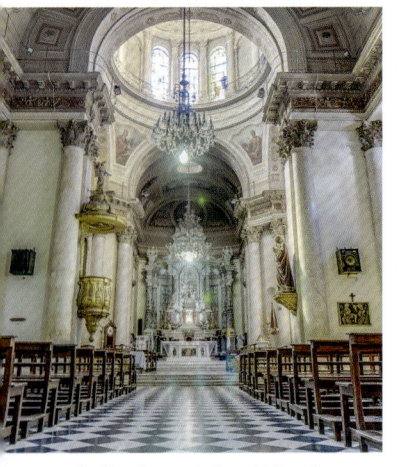

Basílica Nuestra Señora del Rosario

einen einmaligen Blick auf die Insel- und Lagunenwelt des Río Paraná und die Stadt. Dahinter liegt die Plaza 25 de Mayo mit der **Basílica Nuestra Señora del Rosario,** die der Schutzpatronin der Stadt geweiht ist. Der Altar ist aus italienischem Carrara-Marmor. Hier wurde Rosario Mitte des 18. Jhs. gegründet. Daneben befinden sich der **Palacio Municipal** (Rathaus) aus dem Jahr 1896 und die Hauptpost **Correo Central.**

Am **Paseo del Siglo** (Jahrhundertweg) stehen eindrucksvolle Kolonialgebäude. Der Weg führt von der Plaza 25 de Mayo auf der Calle Córdoba bis zum Boulevard Oroño.

Weitere sehenswerte Prachtbauten sind der **Club Español de Rosario** (nationalhistorisches Monument, Calle Rioja), das **Hotel Savoy,** der **Palacio Fuentes,** die **Estación Rosario Central** (ehem. Hauptbahnhof) und die Börse **Bolsa de Comercio.**

Imposant ist die über 60 km lange Brücke, die über das Delta des Río Paraná nach **Victoria** in die Provinz Entre Ríos führt. Die Hängebrücke ist 608 m lang. Für die Überfahrt sollte man – Fotostopps mit eingerechnet – eine gute Stunde einplanen. **50 Dinge** 27 › S. 15.

Info

Ente Turístico Rosario (ETUR)
• Av. Belgrano y Buenos Aires
Rosario
Tel. (0341) 480 2230
www.rosarioturismo.com

Hotels

Savoy €€€

Luxuriöses Palasthotel von 1910 mit
❗ Dachterrasse, Pool und Sauna.
- San Lorenzo 1022 | Rosario
  Tel. (0341) 429 6000
  www.esplendorsavoyrosario.com

Merit Majestic €€

Kolonialhotel mit Restaurant und Bar.
- San Lorenzo 980 | Rosario
  Tel. (0341) 440 5872
  www.hotelmajestic.com.ar

Restaurants

El Establo €€

Bekannt für seine köstlichen Grillspezia-
litäten: *parrillada mixta.* **50 Dinge** ⑪
› S. 13.
- Av. Pellegrini 1775 | Rosario
  Tel. (0341) 481 5900

Alberto's €

Grillspezialitäten: Entrecôte oder *asado
de tira con papas fritas*.
- Corrientes y Cochabamba | Rosario
  Tel. (0341) 679 7467

Shopping

❗ An der Paraná-Uferstraße findet Mo
bis Sa (8–16 Uhr) ein Fischmarkt statt,
auf dem Flussfische wie *surubí, dorado,
boga* und *sábalo* verkauft werden.

Parque Nacional
Pre-Delta ② ⭐ [G8]

6 km von der Stadt Diamante entfernt, liegt im oberen Flussdelta des
Río Paraná der Nationalpark Pre-
Delta. Das 2458 ha große ❗ Über-
schwemmungsgebiet bietet mit sei-

nen Inseln und Sandbänken einer
vielfältigen Tier- und Pflanzenwelt
eine Heimat. Spektakulär sind die
riesigen Wasserlilien *(irupé)* mit ihren wagenradgroßen Blättern. Die
Nationalparkverwaltung hilft bei
der Organisation von Bootstouren.

Info

Parque Nacional Pre-Delta
- Hipólito Irigoyen 396 | Diamante
  Entre Ríos | Tel. (0343) 498 3535
  www.turismoentrerios.com/diamante

Esquina ③ [H6]

Esquina ist der Versorgungsort für
die umliegenden Estancias wie zum
Beispiel Buena Vista › **S. 139** und bekannt für den Fischfang *(pacú)* am
Río Paraná.

Hotel

La Casona Pesca €€

Frühstückspension im typischen Pampa-
Stadthausstil mit Pool und Garten; organisiert Angeltouren.
- Av. Bmé Mitre 691 | Esquina
  Tel. (03777) 460 169
  www.lacasonapesca.com.ar

Reserva
Natural Esteros
del Iberá ④ ⑤ [J5]

Im Lauf der Zeit hat der Río Paraná
seinen Flusslauf geändert, er verlief
einst dort, wo heute das 13 000 km²
große Gebiet der Iberá-Sümpfe
liegt. Die Sandbänke, natürlichen
Staubecken, Sümpfe, Lagunen und
Flüsschen, die er zurückgelassen

Bis zu 1,8 m lange Kaimane tummeln sich in den Iberá-Sümpfen

hat, bilden eines der wichtigsten Süßwasserreservoirs des Kontinents. In den Sümpfen leben Kaimane, Flussschweine, Affen, Stinktiere, Gürteltiere, Sumpfhirsche und viele verschiedene Vogelarten.

Aktivitäten

Bootsfahrten und **Ausritte** zur Tier- und Pflanzenbeobachtung auf der Laguna Iberá werden in den Unterkünften in **Colonia Carlos Pellegrini** angeboten. Das Dorf liegt am Ufer der Laguna Iberá.

Hotels

Posada Aguapé €€€
Posada im Estancia-Stil mit Restaurant, großem Garten und Pool.
• Cia. Carlos Pellegrini | Laguna Iberá
  Tel. (0379) 423 1388
  www.iberaesteros.com.ar

Rancho de los Esteros €€€
Stilvoller Landsitz am Ufer der Iberá-Lagune mit eigenem Steg.
• Cia. Carlos Pellegrini | Laguna Iberá
  Tel. (03773) 1549 3041
  www.ranchodelosesteros.com.ar

Posadas 5 [K5]

Die Hauptstadt der Provinz Misiones (255 000 Einw.) liegt am Río Paraná, der hier gleichzeitig die Grenze zwischen Argentinien und Paraguay bildet. Die 2,5 km lange Brücke zwischen Posadas und Encarnación am anderen Ufer ist eine wichtige Handelsverbindung zwischen Argentinien und Paraguay.

Die Hauptattraktionen sind die Uferpromenade **Paseo de la Costanera** und der Markt **Mercado Modelo La Placita del Puente**. Auf der Plaza 9 de Julio ❗ bieten Guaranís Kunsthandwerk zum Verkauf an. Im **Museo Provincial** (Sarmiento 317) sind wunderschöne Handarbeiten aus den Jesuitenmissionen der Umgebung zu sehen.

Info

Secretaría de Turismo
• Colón 1985 | Posadas
  Tel. (0376) 444 7540
  www.misiones.gov.ar
  www.turismo.posadas.gov.ar

Hotel

Residencial Marlis €
Zentral gelegene Familienpension, einfache Zimmer; deutschsprachig.
• Corrientes 1670 | Posadas
 Tel. (03752) 425 764

Restaurant

La Ruedita €
Panoramafenster zum Río Paraná. Fischspezialitäten. **50 Dinge** ⑬ › S. 13.
• Av. Costanera y Arrechea | Posadas
 Tel. (0376) 442 1061

Corrientes ⑥ [H5]

Die Provinzhauptstadt (322 000 Einw.) der gleichnamigen Provinz wurde 1588 am Río Paraná gegründet. An der zentralen Plaza 25 de Mayo befinden sich das Rathaus **Casa de Gobierno** und die Kirche des ehemaligen Klosters **Nuestra Señora de la Merced** aus dem Jahr 1856 mit vier reich verzierten Beichtstühlen aus Zedernholz, die von den Guaranís in den Werkstätten der Jesuitenmissionen gefertigt wurden.

An der Calle Mendoza 450 liegt das Franziskanerkloster mit der Kirche **Iglesia San Francisco**: Die Kirchenorgel ist ein besonderes Schmuckstück. An der Plaza de la Cruz steht die Kirche **Santísima Cruz de los Milagros,** in der das Kreuz der Wunder aufbewahrt ist. Es ist das Kreuz, das die Spanier 1588 als Zeichen der Stadtgründung aufgestellt hatten und das der Legende nach mehrere Versuche der Ureinwohner, es zu zerstören, unversehrt überstanden hat.

Info

Subsecretaría de Turismo
• 25 de Mayo 1330 | Corrientes
 Tel. (0343) 431 6862
 www.corrientes.com.ar

Hotel

Gran Hotel Guaraní €€
Stilvolles Hotel mit Sauna, Fitnessraum, Restaurant und Pool.
• Mendoza 970
 Corrientes
 Tel. (0379) 443 3800
 www.granhotelguarani.com

Restaurant

La Costa €€
Gegrillte Flussfisch- *(pacú y aguaí con crema)* und Fleischgerichte *(lomo a la riojana).*
• Costanera y 9 de Julio | Corrientes
 Tel. (0379) 443 8362

Ruinas de San Ignacio Miní ⑦ ⭐ [K5]

Die beeindruckendste Missionsstätte der Jesuiten in der Provinz Misiones ist San Ignacio Miní (UNESCO-Weltkulturerbe). Sie wurde im Jahr 1632 gegründet und 1724 fertiggestellt. Die einst prachtvolle Kirche aus rotem Sandstein war mit wunderschönen Ornamenten mit Blumen, Engeln und Tauben verziert, auch bekannt als **Guaraní-Barock.**

Um die zentrale Plaza de Armas wohnten Guaraní-Familien in kleinen Häusern. Hinter der Kirche lagen der Unterrichtssaal, die Speiseräume, Küche, Werkstätten, das Gefängnis und der Friedhof. In den

Ruine von San Ignacio Miní

Ruinas de la Reducción de Santa Ana 8 ⭐ [K5]

15 km von San Ignacio Miní entfernt, liegt die ehemalige Jesuitenmissionsstätte Santa Ana an der Ruta 4. Sie stammt aus dem Jahr 1660 und ist ebenfalls UNESCO-Weltkulturerbe. Der Hauptplatz, die Kirche, Wohn- und Werkstätten, der Friedhof und die Anlage des Nutzgartens mit Bewässerungssystem sind erhalten geblieben.

Werkstätten wurden kunstvolle Möbel und Instrumente aus Holz gefertigt.

Nach der Ausweisung der Jesuitenpater im Jahr 1767 zogen die Guaranís in den Urwald, und die Klosteranlage verfiel. 1817 gab der paraguayische Diktator Rodríguez de Francia den Befehl, die Mission zu zerstören. Üppige Urwaldvegetation wuchs über die Ruinen – erst im Jahr 1897 entdeckte man sie wieder. Teile der Anlage sind mittlerweile restauriert. Sehenswert ist auch das **Museum,** in dem die Geschichte der Missionsstätte eindrucksvoll dargestellt wird.

Hotel

Hotel Portal del Sol €€
Gegenüber den Ruinen, Pool, Restaurant mit regionaler Küche.
• Rivadavia 1115
San Ignacio
Tel. (0376) 447 0005
www.portaldelsolhotel.com

Oberá 9 [K5]

48 km von San Ignacio Miní entfernt, liegt in der grünen, hügeligen Landschaft Oberá (55 000 Einw.). Menschen aus 24 verschiedenen Nationen haben sich hier angesiedelt, und jährlich findet das Einwandererfest **Fiesta de los Inmigrantes** auf der großen **Plaza de las Naciones** statt.

Die Einwohner leben vom Mate-Tee-, Tabak- und Zitrusfrüchteanbau. Relativ neu ist das **Thermalbad Oberá-Park. Mate Rojo** ist eine alteingesessene Mate-Firma, die man unbedingt besichtigen sollte (Asunción 606, Tel. (03755) 42 2768, www.molinoslamision.com.ar).

Für Vogelliebhaber ist der **Jardín de los Pajaros** mit über 2100 Vogelarten ein Highlight, und im **Centro Zootoxicológico Reptilario** leben Spinnen, Schlangen und weitere Reptilien des Urwalds, die zur Gewinnung von Antiserum gehalten werden.

Info

Dirección de Turismo

- Av. Libertad 90 | Oberá
  Tel. (03755) 401 808
  www.obera.gov.ar

Hotels

Cabañas del Parque €€€

Schönes Hotel im Cabaña-Stil mit großem Garten, Pool und Spa. Im Restaurant gibt es außer regionalen Gerichten auch ukrainisch-polnische Küche.

- Av. Ucrania y Tronador | Oberá
  Tel. (03755) 426 000
  www.hotelcabanas.com.ar

El Edén €€

Familienpension mit kleinen Cabañas (Häuschen) im Urwaldgarten.

- Bogotá 1850 | Ruta 14 | Oberá
  Tel. (03755) 422 875

Eldorado 🔟 [L4]

95 km von den Iguazú-Wasserfällen entfernt, liegt die Stadt Eldorado (100 000 Einw.). Sie wurde im Jahr 1919 von Adolfo Schwelm gegründet und von europäischen Einwanderern besiedelt, die bis heute v. a. von der Forstwirtschaft leben. Interessant ist das **Museo Schwelm** im einstigen Wohnhaus über dem Río Paraná. Die Lage, das Haus und die darin ausgestellte Geschichte sind auf alle Fälle einen Besuch wert.

Info

Información Turística

- Paraguay y Ruta 12 | Eldorado
  Tel. (03751) 42 6473
  www.misionesafull.com.ar/principales/municipalidades.html

Die Jesuiten

Nicht einmal 200 Jahre, von 1588 bis 1767, dauerte die Geschichte der Jesuiten in Südamerika. Ende des 16. Jhs. waren die ersten Mitglieder der *Societas Jesu* noch als Wandermissionare aktiv. Als sie sahen, dass ihre Tätigkeit erfolglos blieb, gründeten sie Siedlungen, sogenannte Reduktionen, in denen unter ihrer Leitung bis zu mehrere Tausend Indianer wohnten. Grund und Boden wurden gemeinsam bestellt, es gab Gemeinschaftsräume und soziale Einrichtungen wie Krankenhäuser und Altersheime. Die ersten Reduktionen wurden ab 1609 im heute brasilianischen Guairá gegründet. Weil es wiederholt zu Überfällen von Sklavenhändlern aus São Paulo kam, begannen die Jesuiten, die Reduktionen ab 1632 umzusiedeln: Etwa 12 000 Menschen zogen flussabwärts bis an den Ort, wo heute die Ruinen von San Ignacio Miní stehen.

Die Reduktionen unterstanden der Aufsicht der Padres. Diese lernten die Indianersprache und lehrten die Guaraní Lesen und Schreiben, planten aber nicht, ihnen die Weiterführung der Reduktionen zu überlassen. Das rächte sich, als Carlos III. 1767 die Ausweisung der Jesuiten aus Südamerika befahl.

Innerhalb einer Generation zerfielen die meisten Niederlassungen. Während 1767 rund 100 000 Indianer in solchen Dorfgemeinschaften lebten, waren es 1802 nur noch rund 30 000. 1840 wurden sie endgültig aufgelöst.

Ein grandioses Naturschauspiel sind die Iguazú-Wasserfälle

Hotel

Posada del Parque €€
Familiäre Pension mit wunderschönem Garten, Pool und Spezialitätenküche.
50 Dinge ③ › **S. 12.**
- Barrio Parque km 11
  Andrujovich 153 | Eldorado
  Tel. (03751) 422 385

Restaurant

Ulises – Pizzería y Parrilla €
Fisch- und Fleischspezialitäten vom Grill – und natürlich Pizza.
- Hipólito Irigoyen y Haidinger, km 9
  Eldorado | Tel. (03751) 420 902

Mina Wanda 🏘 [L4]

50 km entfernt von der Stadt Puerto Iguazú liegt im Urwald die **Halbedelsteinmine** Wanda. Ein lohnender, geführter Rundgang zwischen Bergkristall- und Amethystdrusen sowie zur Steinschleiferei dauert ein bis zwei Stunden.

Puerto Iguazú 🏘 [L4]

Die Kleinstadt (32 000 Einw.) ist Ausgangsort für Ausflüge in den 17 km entfernten Nationalpark Cataratas del Iguazú (Iguazú-Wasserfälle). Sie liegt an der Mündung des Río Iguazú in den Río Paraná und hat einen schönen Aussichtspunkt über das Dreiländereck Argentiniens mit Paraguay und Brasilien.

Info

ITUREM Iguazú Ente Municipal
- Av. Victoria Aguirre y Balbino Brañas
  Puerto Iguazú | Tel. (03757) 423 951
  www.iguazuturismo.gob.ar

Hotels

Exe Hotel Cataratas €€€
Hotel mit subtropischem Garten, Restaurant, Pool, Kinderspielplatz.
- Ruta 12, km 4 | Puerto Iguazú
  Tel. (03757) 421 100
  www.exehotelcataratas.com

Yacutinga Lodge €€€
Luxuriöse Lodge mitten im Urwald, mit Pool und gutem Restaurant.
- Lote 7A | Almirante Brown
  www.yacutinga.com

La Strada €
Gepflegte Familienpension im rustikalen Stil mit kleinem Garten und Pool.
- Pombero 166 | Puerto Iguazú
  Tel. (03757) 427 156
  www.lastradaresidencial.com.ar

Restaurants
La Rueda 1975 €€
Hier gibt es vor allem ❗ gegrillte Fisch-(surubí) und Fleischgerichte.
- Av. Córdoba 28 | Puerto Iguazú
  Tel. (03757) 42 2531
  www.larueda1975.com

Parrilla Pizza Color €
Hausgemachte Steinofenpizza, Maniokgerichte und Asado; Livemusik.
- Av. Córdoba 135 | Puerto Iguazú
  Tel. (03757) 42 0206
  www.parrillapizzacolor.com

Parque Nacional Cataratas del Iguazú 13 ⭐ [L3–4]

Die gigantischen **Iguazú-Wasserfälle** wurden von der UNESCO 1984 zum Weltnaturerbe erklärt. »Igua zu«, in der Übersetzung »große Wasser«, diese Beschreibung trifft mehr als zu: Auf einer Fläche von 67 000 ha stürzen 275 Wasserfälle des Río Iguazú zwischen Palmen, Riesenfarnen und Urwaldbäumen 70 m tief ins Tal.

Busse bringen die Besucher vom Informationszentrum am Nationalparkeingang zum Ausgangspunkt der Wanderwege. Im Nationalpark befinden sich ein Sheraton Hotel, ein Museum und mehrere kleine Restaurants.

Von Weitem hört man schon das Rauschen der Wasserfälle, das einen während der ganzen Tour begleitet und erfüllt. Bunte Schmetterlinge flattern durch den Wald und setzen sich auf Urwaldpflanzen und Besucher. Tucane, Wellensittiche und andere Tropenvögel sitzen in den Bäumen. Wanderstege führen direkt zu den Aussichtspunkten, und ein kleiner Zug fährt zum **Teufelsrachen**. Die letzten 100 m über Gitterstege zur Hauptabsturzstelle der Iguazú-Wasserfälle geht man zu Fuß. Ohrenbetäubend donnern die Wasserfälle in den Teufelsrachen, und je nach Wind legt sich die Gischt wie ein weißer Schleier über die Besucher. Der erfrischende Ausflug zu den Iguazú-Wasserfällen, an denen die Macht der Natur spürbar ist, ist ein beeindruckendes Erlebnis. **50 Dinge ④⓪** › S. 17.

Den besten Ausblick auf das atemberaubende Wasserfallspektakel hat man übrigens von der brasilianischen Seite.

Hotel
Sheraton Iguazú Resort & Spa €€€
Kleine Zimmer, wahlweise mit Wasserfall- oder Urwaldblick, Pool, Tennisplatz und Fitnessraum.
- Parque Nacional Cataratas del Iguazú
  Tel. (03757) 49 1800
  www.sheraton.com.ar

DIE PAMPA UND MENDOZA

Kleine Inspiration

- **Die Jesuiten-Klosteranlagen besichtigen** in Córdoba und Alta Gracia › S. 109, 110
- **In Villa General Belgrano ein Bier trinken** von einer der ansässigen Brauereien › S. 110
- **Die »Bocciakugeln« bestaunen** im Valle de la Luna › S. 114
- **In Mendoza die Weinmuseen der Bodegas besuchen** und bei einer Weinprobe den persönlichen Lieblingswein entdecken › S. 116
- **Ein Thermalbad am Fuße des Aconcagua nehmen** und sich so richtig entspannen › S. 117

Einige der berühmtesten Weinanbaugebiete der Welt liegen hier vor einer großartigen Gebirgskulisse und dem Andengipfel Aconcagua – mit 6960 m der höchste Berg Amerikas.

Die feuchte Pampa Mittelargentiniens reicht von der Provinz Buenos Aires bis zum Gebirgszug der Sierras de Córdoba, der sich parallel zum Andengebirge über 500 km von Nord nach Süd erstreckt. Die Provinzhauptstadt Córdoba ist Argentiniens älteste Universitätsstadt.

Die Berge von Córdoba sind durch die Pampa de las Salinas (Salzpampa), das UNESCO-Weltkulturerbe Mondtal (im Parque Provincial Ischigualasto) und den Talampaya-Nationalpark von den Anden getrennt.

Am Fuß der Anden befinden sich die Weinbaugebiete Mendozas. Die Passstraße Ruta 7 verbindet die Stadt Mendoza mit Santiago de Chile über den Paso Los Libertadores in 3185 m Höhe. An der Passstraße liegen die Thermalquellen von Cacheuta und das Dorf Uspallata, das auch über die Ruta 52, an der sich die Termas de Villavicencio befinden, mit Mendoza verbunden ist. Vor der Grenze zu Chile liegt der Parque Provincial Aconcagua mit dem höchsten Berg Amerikas, dem 6960 m hohen Aconcagua.

Touren in der Region

Nationalpark Talampaya und Mondtal

**Route: Córdoba › La Rioja ›
Parque Nacional Talampaya ›
Parque Provincial Ischigualasto ›
San Agustín de Valle Fértil ›
San Juan**

Karte: Seite 106
Dauer: 7 Tage (1104 km)
Praktische Hinweise:
• Busfahrt oder Flug nach Córdoba, zurück von San Juan.

• Die abgelegenen Highlights sind am besten mit dem Mietwagen erreichbar. In der Regenzeit (Jan. bis Mitte April) sind die Wege in den Parks gelegentlich unpassierbar.

Tour-Start:

In **Córdoba** **1** › S. 109 beginnt diese Tour mit einem Rundgang durch das historische Zentrum mit dem Jesuitenviertel Manzana Jesuitica und anschließender Übernachtung.

Der Talampaya-Nationalpark birgt wertvolle geologische Funde

Ein zwei- bis dreitägiger Ausflug in die sanfte grüne Landschaft im Süden der Sierras de Córdoba nach **Alta Gracia** 2 › S. 110, **Villa General Belgrano** 3 › S. 110 und **Mina Clavero** 4 › S. 111 ist besonders für Wanderfreunde zu empfehlen.

Wer ein Salzbad nehmen möchte, macht einen Abstecher zum Salzsee **Mar Chiquita** 5 › S. 112, an dem man wegen der weiten Entfernung eine Übernachtung einplanen sollte.

Auf der Reise in die Provinzhauptstadt **La Rioja** 7 › S. 113 könnte man eine Nacht im **Punillatal** 6 › S. 112 zwischen Villa Carlos Paz und Capilla del Monte verbringen. La Rioja ist der Ausgangsort für die

Touren in der Region

Tour 8

Nationalpark Talampaya und Mondtal

Córdoba › La Rioja › Parque Nacional Talampaya › Parque Provincial Ischigualasto › San Agustín de Valle Fértil › San Juan

Tour 9

Alta Montaña

Mendoza › Termas de Cacheuta › Uspallata › Parque Provincial Aconcagua › Puente del Inca › Villavicencio › Mendoza

Tour 10

Tour de Vino

Mendoza › Maipú › San Martín › Luján de Cuyo › San Rafael › Valle de Uco › Mendoza

Erkundung der beiden von der UNESCO zum Weltnaturerbe erklärten Naturparks, dem **Parque Nacional Talampaya 8** › S. 113 und dem **Parque Natural Provincial Ischigualasto** mit dem **Valle de la Luna 9** › S. 114. Hier in der Region Cuyo (Ketschua: sandige Erde), abseits der Touristenrouten, fand man über 250 Mio. Jahre alte Saurierskelette. Eine Nacht in La Rioja und eine in **San Agustín de Valle Fértil 10** › S. 114 am Ende des Mondtals sind für die Erkundung dieser Natur- und Kulturschätze einzuplanen. Die Tour endet mit einer Übernachtung in **San Juan 11** › S. 114, in dessen Umgebung namhafte Weingüter liegen.

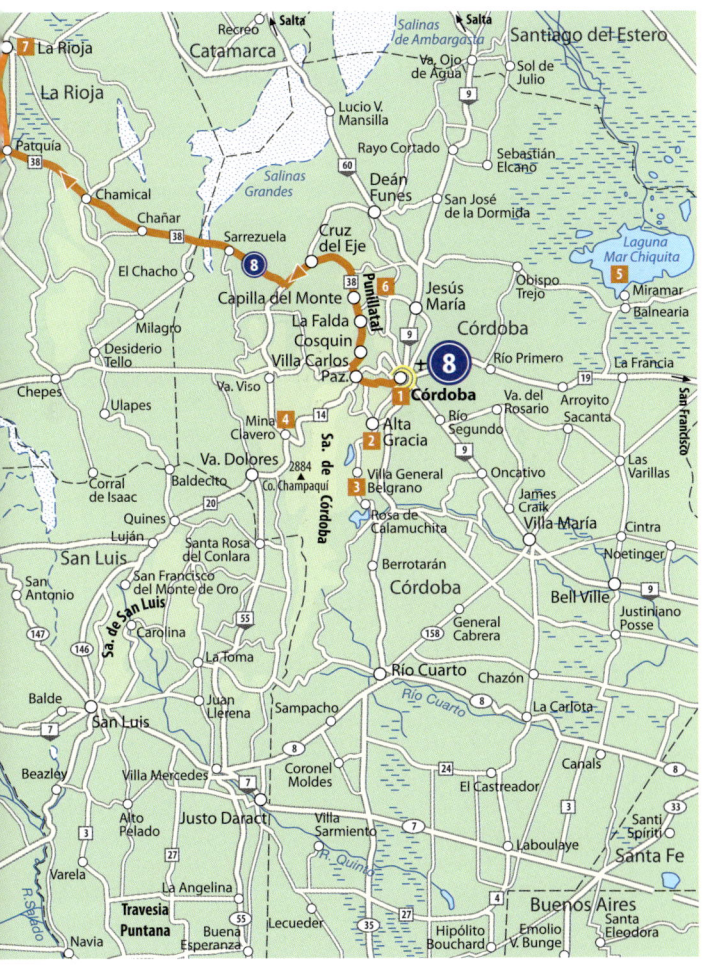

Alta Montaña

Route: Mendoza › Termas de Cacheuta › Uspallata › Parque Provincial Aconcagua › Puente del Inca › Villavicencio › Mendoza

Karte: Seite 106
Dauer: 3–4 Tage (403 km)
Praktische Hinweise:
- Anreise mit dem Flugzeug oder Überlandbus aus Buenos Aires.
- Fahrt mit dem Mietwagen oder Anfahrt der einzelnen Reiseziele mit lokalen Bussen.

Tour-Start:

Für Weinliebhaber ist **Mendoza** 12 › S. 115 ein Begriff. Hier, im Hauptweinbaugebiet Südamerikas, gedeihen am Fuße der Anden Weine von Weltklasse. Ein Tag ist in Mendoza Minimum für die Besichtigung von Weingütern mit Weinprobe und dem Besuch von mindestens einem der beiden Weinmuseen in den Weingütern Bodega La Rural und Bodega López in Maipú › S. 116.

Bergsteiger aus aller Welt treffen sich in Mendoza, um den Aconcagua (6960 m) zu besteigen. In der Schlucht des Río Mendoza liegen in der reizvollen Andenlandschaft die Thermalbäder der **Termas de Cacheuta** 13 › S. 117, in deren traditionsreichem Hotel man eine Nacht verbringen sollte. Die Passstraße Ruta 7 führt weiter zum Dorf **Uspallata** 14 › S. 117, vorbei am verlassenen Bahnhofsgebäude auf 1752 m Höhe.

Wer sich Zeit für eine Wanderung zum Basiscamp im **Parque Pro-** vincial Aconcagua 15 › S. 117, für die Besichtigung der Puente del Inca › S. 118 und der Statue Cristo Redentor › S. 118 nehmen möchte, übernachtet am besten in Uspallata. Die Rundfahrt führt auf dem Rückweg in Uspallata auf der Ruta 52 über das Naturreservat **Villavicencio** 16 › S. 118 zurück nach Mendoza.

Tour de Vino

Route: Mendoza › Maipú › San Martín › Luján de Cuyo › San Rafael › Valle de Uco › Mendoza

Karte: Seite 106
Länge: 5–6 Tage (531 km)
Praktische Hinweise:
- Anreise von Buenos Aires mit dem Flugzeug oder Überlandbus.
- Rundfahrt mit dem Mietwagen. Von den Unterkünften zu den Weingütern sollte man Taxi fahren.
- Für Fahrten mit Überlandbussen zwischen den Städten sind 2 Tage mehr zu kalkulieren.

Tour-Start:

Die Tour de Vino startet mit zwei Übernachtungen in **Mendoza** 12 › S. 115, um genug Zeit für die Besichtigung der Weingüter in Maipú › S. 116 und Luján de Cuyo › S. 116 zu haben, die man am besten auf einer Tagestour besucht. Auf der Weiterreise nach San Rafael liegt an der Ruta 7 der Stadtteil San Martín › S. 116 mit weiteren Bodegas, die in die Tour eingeschlossen werden können. In **San Rafael** 17

› S. 118 lohnen sich zwei Übernachtungen, um einen Tag Zeit für den Besuch der Umgebung zu haben.

Auf dem Rückweg nach Mendoza kann man auf der Ruta 143 ins Valle de Uco zum höchstgelegenen Weinbaugebiet der Provinz Mendoza bis auf 1200 m Höhe fahren. Hier können weitere Weingüter besucht werden, zum Beispiel die auf 1100 m Höhe gelegene **Bodega François Lurton** [C9] (Tunuyán, Ruta 94, km 21, www.francoislurton.com). Auf der legendären Ruta Cuarenta (Ruta 40) führt die Reise zurück nach Mendoza. **50 Dinge** ⑥ › S. 12.

Unterwegs in der Region

Córdoba ▮1 ★ [E/F7]

Mit gut 1,3 Mio. Einwohnern ist die Provinzhauptstadt die zweitgrößte Stadt Argentiniens. 2006 war sie Kulturhauptstadt Amerikas.

Córdoba wurde 1573 gegründet und von den Jesuiten geprägt, die hier die erste Universität des Landes aufbauten. Noch heute ist sie eine der bedeutendsten Hochschulen des Landes. Seit 2000 ist das ehemalige Jesuitenkloster **Manzana Jesuítica** an der Calle Obispo Trejo UNESCO-Weltkulturerbe. Zum Kloster gehören die prachtvolle, über und über mit Gold verzierte Iglesia de la Compañía de Jesús (1640–1676), die Hauskapelle **Capilla Doméstica** (1644 bis 1668), die **Universidad de Córdoba,** in der sich die Hauptbibliothek mit über 180 000 Bänden befindet, das **Colegio Nacional de Montserrat** und die **Cripta Jesuítica del Noviciado Viejo,** dem unterirdischen Tempel und Gebetsort der Novizen.

An der Plaza San Martín, dem Hauptplatz der Stadt, stehen zwei koloniale Prachtbauten: Die **Kathedrale** aus dem Jahr 1782 mit zwei Glockentürmen und Barockkuppel und das **Cabildo,** das historische Ratsgebäude von 1785. Unter dem Rathaus befinden sich alte Gefängniszellen und im Inneren das **Museo Histórico** der Stadt (Mo–Fr 9.30 bis 12.30, 14–17, Sa, So 9.30–13, 15 bis 19 Uhr) sowie der »rote Saal«, in dem bis heute berühmte Persönlichkeiten empfangen werden.

Die Schutzpatronin von Córdoba, die Virgen del Rosario del Milagro, steht in der **Basílica de Santo Domingo,** der Kirche des Dominikanerordens mit den vielen Dachkuppeln. Das Innere der Kirche schmücken handgearbeitete Wandfliesen aus der Kolonialzeit, die aus Katalonien/Spanien beziehungsweise aus Calais/Frankreich stammen.

Im **Museo Provincial de Historia Marqués de Sobremonte** ist eine große Sammlung indianischer und kolonialer Ikonen, Teppiche, Waffen, Münzen und kolonialer Möbel ausgestellt (Calle Rosario de Santa Fé 218, Di–So 10.30–17.30 Uhr).

Die Straßen 25 de Mayo, Rosario de Santa Fé und Obispo Trejos sind Fußgängerzonen.

Info

Información Turística

• Plaza San Martín | Eingang Pasaje Santa Catalina (im Cabildo) Córdoba | Tel. (0351) 434 1200 www.cordoba.gov.ar

Hotels

De la Cañada €€€

Traditionelles Luxushotel, mit Spa-Bereich, Garten und Restaurant.

• M.T. de Alvear 580 | Córdoba Tel. (0351) 420 8000 www.hoteldelacaniada.com.ar

Merit Gran Hotel Victoria €€€

❗ Das Stadthotel im Kolonialstil liegt in der Fußgängerzone; mit Garage.

• Peatonal 25 de Mayo 240 | Córdoba Tel. (0351) 429 0898 www.hotelvictoriacord.com

Restaurant

Confitería y Bar Sorocabana €

Traditionsreiche, typische Eckbar (seit 1935) an der Plaza mit kleinen Spezialitäten wie *sandwich de lomito* (belegtes Brötchen mit Lende) und *pizza con aceitunas* (Pizza mit Oliven).

• Buenos Aires y San Jerónimo (Ecke Plaza San Martín) | Córdoba Tel. (0351) 422 7872

Aktivitäten

City Tour

Tgl. außer Mi kann man Córdoba im Hochbus mit offenem Dach bei einer 1,5-stündigen Tour besichtigen. Start und Ziel ist die Kathedrale an der Ecke der Av. 27 de Abril / Calle Independencia (Tel. (0351) 477 6195, Mo 16 u. 18, Di, Do 18, Fr 10, 16, 18, Sa, So 10 u. 18 Uhr, Erw. 8 €, Kinder 4–10 Jahre 4 €).

Sierras de Córdoba

Alta Gracia ② ⭐ [E7/8]

Die 55 000-Seelen-Gemeinde liegt im Erholungsgebiet der grünen Berg- und Seenlandschaften der Sierras de Córdoba.

Im Jahr 1588 gründeten Jesuitenpater in Alta Gracia die **Estancia Jesuítica** (heute UNESCO-Weltkulturerbe). Sie führten Ackerbau und Viehzucht ein, lebten vom Maultierhandel und bauten 1659 den ersten hydraulisch betriebenen Staudamm des Landes, **El Tajamar,** in dem sie Regenwasser für die Felder stauten. Teil der Estancia sind die Kirche **Nuestra Señora de la Merced** im kolonialen Barockstil und das historische **Museo Casa del Virrey Liniers**. Ché Guevara verbrachte in Alta Gracia einen Teil seiner Kindheit. Das Haus ist jetzt **Museo Ernesto »Ché« Guevara**.

Villa General Belgrano ③ [E8]

Nach Blumenau in Brasilien findet in diesem Ort das zweitgrößte Oktoberfest in Südamerika statt. Er liegt 88 km südlich von Córdoba im Calamuchita-Tal.

Deutsche, österreichische und Schweizer Einwanderer zog es in das angenehme Bergklima. Ihre Nachfahren leben vorwiegend vom Tourismus und betreiben kleine Brauereien, Hotels sowie Restaurants. Villa General Belgrano eignet sich gut als Ausgangspunkt für Wanderungen und ist ein idealer Urlaubsort für Reisende mit Kindern › S. 33.

Jesuiten begründeten den Reichtum der Estancia Jesuítica in Alta Gracia

Info

Dirección de Turismo
Auch Ausflüge in die Umgebung.
- Av. Julio A. Roca 168 | Villa General
  Belgrano | Tel. (03546) 461 215
  www.vgb.gov.ar

Hotel

Hotel Bremen €€
Sehr gut geführtes Hotel mit Garten,
Pool, Kinderspielplatz; deutschsprachig.
- Cerro Negro 173 y Ruta 5 | Villa Gene-
  ral Belgrano | Tel. (03546) 461 133
  www.hotelbremen.com

Restaurants

Quercus €€
Sehr schönes Ambiente. Spezialitäten
sind Salate und Fischgerichte.
- 17 de Agosto 472 | Villa General
  Belgrano | Tel. (03546) 46 4333
  www.quercus.com.ar

Viejo Munich €€
Zünftig: Geräuchertes mit Brot und
❗ selbst gebrautem Bier.
- Av. San Martín 362 | Villa General
  Belgrano | Tel. (03546) 46 3122
  www.facebook.com/viejo.munich

Mina Clavero 4 [E7/8]

150 km westlich von Córdoba liegt
im Traslasierra-Tal, zwischen den
Gebirgszügen der Sierra de Achala
und Sierra de Pocho, auf 915 m
Höhe das Bergdorf Mina Clavero
(6000 Einw.). Am Fuße des höchsten
Berges der Sierras de Córdoba, dem
Cerro Champaquí (2884 m), scheint
die Sonne an 320 Tagen im Jahr. Um
Mina Clavero gibt es schöne Wanderwege. 5 km vor Nono in Alto de
la Quinta liegt das **Museum Rocsen,**
ein einzigartiges Sammelsurium von
über 23 000 Alltagsgegenständen aus
aller Welt auf 1,5 ha (tgl. ab 9 Uhr
bis Sonnenuntergang, Tel. (03544)
49 8218). **50 Dinge** (28) › S. 15.

Info

Secretaría de Turismo
- San Martín / Fleming | Mina Clavero
  Tel. (03544) 47 0241
  www.minaclavero.gov.ar

Hotel

Manantial €€
Familiäres Gästehaus in großem Park
am Río Chico de Nono; sehr gute Küche.

- Alto del Monte | 3 km von Nono
  Tel. (03544) 498 179
  www.hosteriamanantial.com.ar

Restaurant

Mi Lugar €€
Asado-Restaurant an der »Ruta de trucha« (Forellenroute).
- Olmos Sur 1454 | Mina Clavero
  Tel. (03544) 1557 0032

Mar Chiquita **5** [F7]

172 km nordöstlich von Córdoba liegt der Erholungsort **Miramar** an der Lagune Mar Chiquita. Der 1850 km² große Salzsee mit seinen Zuflüssen Río Dulce, Primero (Río Suquía) und Segundo (Río Xanaes) ist mehr als dreimal so groß wie der Bodensee.

Das salzhaltige Wasser und die große Wasserverdunstung führten dazu, dass das Mar Chiquita zum kleinen Salzmeer in der Pampa wurde. Das Salzwasser hat Heilwirkung bei Hautkrankheiten.

Laguna Mar Chiquita

Im Norden sind mehrere tausend Hektar Sumpfgelände ein großes Paradies für rosa Flamingos.

Info

Informes Turísticos
- Gral. Paz 390 | Miramar
  Tel. (03563) 49 3777
  www.turismomiramar.com

Hotel

La Aldea €€
Apartments mit Balkon zum Salzsee, Restaurant, Café und Pool.
- Córdoba 6 | Uferpromenade Miramar
  Tel. (03564) 1556 5797
  www.laaldeamiramar.com

Restaurant

Class & Co. Bar y Confitería €
Preiswerte regionale Gerichte.
- Córdoba 224 | Miramar
  Tel. (03563) 49 3187

Punillatal **6** [E7]

Die Ruta 38 führt westlich von Córdoba durch das Punillatal in die Provinz La Rioja. Von Villa Carlos Paz am Stausee San Roque führt die Straße bis **Cosquín**, bekannt durch sein **!** Ende Januar stattfindendes Folklorefestival, welches das größte in Lateinamerika ist. Im Hotel Edén in **La Falda** (15 000 Einw.), das 1898 eingeweiht wurde und nicht mehr in Betrieb ist, stiegen Berühmtheiten wie Albert Einstein ab.

52 km von La Falda liegt die **Estancia Jesuítica La Candelaria** ⭐ (UNESCO-Weltkulturerbe) aus dem 17. Jh. in der Einsamkeit der Berge. Eine schöne Kirche, die Wohnhäu-

ser der Jesuiten und die Unterkünfte der Viehhirten sind noch zu sehen.

Vom Dorf **Capilla del Monte,** am Fuß des Cerro Urritorco auf 1979 m gelegen, starten Bergsteiger zum Gipfel des heiligen Bergs der Ureinwohner und Kletterer zu den Granitfelswänden Los Paredones.

Info
Oficina de Turísmo
• Ruta Nacional 38 | San Martín 560 Cosquín | Tel. (03541) 454 644 www.cordobaserrana.com.ar

Hotel
Hotel La Puerta de Sol €€
Kleines Hotel mit Pool und Restaurant; am Wochenende Folkloreveranstaltung.
• Puente Perón 820 | Cosquín Tel. (03541) 452 045 www.lapuertadelsolhotel.com.ar

La Rioja ⁊ [D6]

La Rioja (150 000 Einw.) ist Ausgangsort für Touren zum Parque Nacional Talampaya. An der Plaza 25 de Mayo gründete Juan Ramírez de Velasco 1591 die Stadt und benannte sie nach seiner Heimat La Rioja in Spanien. Sehenswert ist das Kloster **Convento de Santo Domingo,** das 1623 von Diaguita-Indianern gebaut wurde. Im Innenhof eines weiteren Klosters, **San Francisco,** ist eine Zelle des »religiösen Spaniers« von 1592 mit dem damals gepflanzten Orangenbaum erhalten. Im **Museo Arqueológico Inca Huasi** sind archäologische Funde aufbewahrt. Auf dem **Mercado Artesanal** gibt es interessantes Kunsthandwerk. Jähr-

lich im Dezember findet die **Fiesta Tinkunaco** statt, zum Gedenken an den Friedenspakt, der 1593 in La Rioja zwischen den Diaguita-Indianern und den Spaniern unter San Francisco Solano geschlossen wurde.

Info
Secretaría de Turismo
• Av. Felix de la Colina y Av. Ortiz de Ocampo | gegenüber dem Busterminal La Rioja | Tel. (0380) 442 6345 www.turismolarioja.gov.ar

Hotel
Plaza €€
Modernes Hotel, Restaurant, Pool.
• San Nicolás de Bari Oeste 502 La Rioja | Tel. (0380) 443 6290 www.plazahotel-larioja.com

Restaurant
La Vieja Casona €€
Grillspezialitäten und *empanadas.*
• Av. Rivadavia 457 | La Rioja Tel. (03822) 425 996 www.lacasonalunch.com.ar

Weingut
Die traditionelle **Bodega La Riojana** baut auf 4120 ha u. a. prämierten Torrontés an. Führungen mit Weinproben.
• Chilecito | Provinz La Rioja La Plata 646 | Tel. (03825) 423 150 www.lariojana.com.ar

Parque Nacional Talampaya ⁑ ⭐ [C6]

Seit 2000 zählt der Nationalpark Talampaya zum UNESCO-Weltnaturerbe. Das mehrere Kilometer lange Canyontal mit über 100 m hohen roten Sandsteinwänden und -formationen war in der Zeit von 100 bis 1100 n. Chr. bewohnt. Höhlenzeichnungen, z. B. an der Formation **La Puerta**, zeugen davon. Sie zeigen menschenähnliche Figuren und kuriose Wesen mit Flügeln. Der 215 000 ha große Nationalpark birgt Funde, die den geologischen Wandel der Erde der letzten Jahrmillionen belegen. Der Schatz des Nationalparks ist der *Lagosuchus talampayensis*, einer der ersten Dinosaurier, der vor 250 Mio. Jahren hier gelebt hat. In der sandigen Felslandschaft wachsen niedrige Büsche, Algarrobos und Kakteen. In den Felswänden nisten Kondore, Adler und Wanderfalken.

Info

Parque Nacional Talampaya
Am Eingang befindet sich ein Museum. Der Nationalpark darf nur mit einem Führer besichtigt werden (tgl. 8–17 Uhr).
• Av. San Martín s/n | Villa Unión
  Tel. (03825) 47 0356
  www.talampaya.gob.ar

Valle de la Luna 9 ⭐ [C6/7]

Die Fortsetzung des Talampaya-Canyons ist das im **Parque Natural Provincial Ischigualasto** geschützte UNESCO-Weltnaturerbe Valle de la Luna **(Mondtal)**. Die Funde im Mondtal stammen aus der Zeit vor 187–232 Mio. Jahren. Das Klima war zu jener Zeit tropisch feucht und die Vegetation üppig. Die An-

den und die schneebedeckten Sechstausender der Sierra de Famatima, die man vom Mondtal aus sehen kann, existierten damals noch nicht. Die beiden Felsformationen Gusano (Wurm) und Submarino (U-Boot) sind in jenen Zeiten durch Erosion entstanden. Vor 10 000 bis 12 000 Jahren siedelten sich Pumas, Guanakos, Maras (Pampahasen), Kondore und Ñandús (kleine Strauße) an. Von den ursprünglichen Tierarten überlebten Eidechsen und zwei giftige Schlangenarten. Ein Kennzeichen des Mondtals sind die sogenannten Bocciakugeln, runde Steine, deren Herkunft noch nicht geklärt ist. Am Parkeingang gibt es ein großes Informationszentrum.

Idealer Ausgangsort für einen Besuch des Mondtals ist das 75 km südlich vom Park gelegene Dorf **San Agustín del Valle Fértil** 10 [D7].

Info

Turismo de Valle Fértil
• General Acha 52 | San Agustín
  Tel. (02646) 42 0192
  www.ischigualastovallefertil.org

Hotel

Hostería Valle Fértil €€
Familiäre Hostería mit Restaurant und Blick auf den Stausee.
• Rivadavia s/n | San Agustín
  Tel. (02646) 420 015
  www.hosteriavallefertil.com

San Juan 11 [C7/8]

Die Hauptstadt der gleichnamigen Provinz wurde 1562 gegründet. Die koloniale Altstadt fiel 1944 komplett einem Erdbeben zum Opfer. Nur das Geburtshaus des Präsidenten Sarmiento und das Dominikanerkloster wurden im alten Stil wiederaufgebaut. Das **Museo Histórico Casa Natal de Domingo Faustino Sarmiento** ist im Geburtshaus von Sarmiento untergebracht.

In San Juan, San Martín (10 km nördlich) und Caucete (20 km östlich) liegen namhafte Weingüter.

Info
Secretaría de Turismo
• Sarmiento 24 sur | San Juan
  Tel. (0264) 421 0004
  www.turismo.sanjuan.gob.ar

Hotel
Alkazar €€
Nomen est omen: Hochhaus im Zentrum, Pool, Restaurant.
• Láprida 82 Este | San Juan
  Tel. (0264) 421 4965
  www.alkazarhotel.com.ar

Restaurant
Remolacha €
Spezialitäten sind *ensalada remolacha* (Salat mit Roter Bete) und *parrillada de verduras* (Gemüse vom Grill).
• Av. José I. De la Roza y Sarmiento
  San Juan
  Tel. (0264) 427 7070

Weingut
Graffigna
San Juans älteste Bodega hat ein Weinmuseum und bietet von Mo–Sa geführte Kellereitouren an.
• Colón 1342 | San Juan
  Tel. (0264) 421 4227
  www.graffignawines.com

»Bocciakugeln« im Valle de la Luna

Mendoza 12 [C8]

Der bekannteste Weinort Argentiniens ist Mendoza (115 000 Einw.). Die Stadt liegt am Fuße des Andengebirges. Für ihre Entwicklung, den Verkauf der Weine und anderer Agrarprodukte war die Zugstrecke, die von Mendoza nach Buenos Aires gebaut und 1885 fertiggestellt wurde, von großer Bedeutung. Heute werden die Weine mit dem Flugzeug in die ganze Welt exportiert.

4 ha groß ist die zentrale Plaza Independencia, an der das **Museo Municipal de Arte Moderno,** das **Teatro Municipal Julio Quintanilla** von 1923 und das **Palasthotel Plaza,** heute Park Hyatt › S. 116, liegen. In der größten Parkanlage der Stadt, dem **Parque San Martín,** gibt es einen Zoo. Ein **Weinmuseum** darf in der Stadt natürlich nicht fehlen, schließlich kommt der größte Teil des argentinischen Weins aus der Region Mendoza. Das Museum liegt im

Stadtteil **Maipú** und gehört zur **Bodega La Rural** (Montecaseros 2625, Coquimbito, www.bodegaslarural.com, Mo–Sa 9–13, 14–17 Uhr) und informiert über die Geschichte des Weinbaus der Region. In Maipú, **Luján de Cuyo** und **San Martín** liegen die großen Bodegas, die besichtigt werden können. Das traditionelle Weinfest, die **Fiesta Nacional de la Vendimia,** findet im März statt.

> **■ Erst-
> ■ klassig**
>
> **Besondere Nationalparks
> und Naturreservate**
> ....
> - Sandbänke und Wasserpflanzen im Überschwemmungsgebiet des mächtigen Río Paraná bilden den Nationalpark **Pre-Delta.** › S. 97
> - Im **Parque Provincial Aconcagua** thront der Aconcagua, mit 6960 m der höchste Berg Amerikas. › S. 117
> - Die Quelle des bekanntesten Mineralwassers in Argentinien sprudelt im **Reserva Natural Villavicencio** in den Anden. › S. 118
> - Der **Parque y Reserva Nacional Lago Puelo** liegt auf nur 200 m in den Anden und hat ein besonderes Mikroklima. › S. 129
> - Im patagonischen **Parque Nacional Los Arrayanes** wachsen die seltenen, bis zu 20 m hohen Myrtenbäume *(arrayán).* › S. 133
> - Im **Parque Nacional Lanín** mit dem 3776 m hohen Vulkan Lanín sind außer Wäldern, Seen und Vulkangipfeln auch Mapuche-Dörfer geschützt. › S. 126

Info

Oficina de Turismo
- Av. San Martín 1143 | Mendoza
  Tel. (0261) 413 2101
  www.turismo.mendoza.gov.ar

Hotels

Park Hyatt €€€
! Koloniales Prachthotel im Zentrum mit Pool und Restaurant.
- Chile 1124 | Mendoza
  Tel. (0261) 441 1234
  www.mendoza.park.hyatt.com

NH Cordillera €€
Nahe Fußgängerzone, Pool, Restaurant.
- Av. España 1324 | Mendoza
  Tel. (0261) 441 6464
  www.nh-hotels.com

Restaurants

Azafrán €€
In einem ehemaligen Krämerladen, Spezialität ist *trio* (Grillplatte).
- Sarmiento 765 | Mendoza
  Tel. (0261) 429 4200
  www.azafranresto.com

La Barra €
Grillspezialitäten wie *asado de tira, bife de chorizo*.
- Belgrano 1086 | Mendoza
  Tel. (0261) 15 654 1950

Weingüter

Obligatorisch für einen Besuch in Mendoza ist die Besichtigung eines oder mehrerer Weingüter mit Weinprobe der edlen Tropfen.

Bodegas López
Seit 1898 in Familienbesitz, 1100 ha, prämierte Weine, Restaurant, Museum.

- Ozamis Norte 375 y General Gutiérrez
  Maipú
  Tel. (0261) 497 2406
  www.bodegaslopez.com.ar

Bodega Vistalba €€
53 ha Rebfläche in Vistalba, 340 ha
im Valle de Uco, prämierter Corte A.
2 große DZ, Restaurant.
- Roque Sáenz Peña 3531
  Luján de Cuyo | Tel. (0261) 498 9400
  www.bodegavistalba.com

Cavas de Weinert
Seit 1975, Familienbetrieb mit 40 ha,
prämierte Malbec-Weine.
- San Martín 5923
  Luján de Cuyo | Chacras de Coria
  Tel. (0261) 496 4381
  www.bodegaweinert.com

Bodega Nofal
Seit 1917 in Familienbesitz. 130 ha,
prämierter Malbec Tunquelen.
- Finca Don Gabriel | Calle Gutiérrez
  Alto Verde | San Martín
  Tel. (0261) 420 0976
  www.bodeganofal.com.ar

Termas de Cacheuta 13 [C8]

Das Thermalbad liegt 39 km westlich der Stadt Mendoza im malerischen Andental des Río Mendoza. Übereinander angelegte Badebecken bilden den Aqua-Park. Das Wasser hat Heilwirkung bei Atem-, Knochen- und Muskelbeschwerden, Hautproblemen, Sportverletzungen, durch Stress bedingte Schmerzen und Depressionen.

Hotel
Termas de Cacheuta Spa €€€
Thermalhotel mit Felsgrotte, Thermalbecken, Massage. und Yoga
- Ruta 82, km 39 | Cacheuta
  Luján de Cuyo | Tel. (02624) 490 152
  www.termascacheuta.com

Uspallata 14 [C8]

In Uspallata trifft die Ruta 52 von Villavicencio auf die Passstraße Ruta 7. Das Dorf in 1850 m Höhe bietet sich als Übernachtungsort auf dem Weg zum Parque Provincial Aconcagua an. 3 km von Uspallata entfernt liegen sehenswerte Metallschmelzöfen aus dem 18. Jh.

In 7 km Entfernung bezeugt der **Cerro Tundunqueral** mit seinen vorgeschichtlichen Felszeichnungen, dass entlang dieses Berges der südliche Inkapfad verlief.

Hotel und Restaurant
Gran Hotel Uspallata €€
Traditionelles Hotel mit Pool und Paddle-Court.
- Ruta 7, km 1149 | Uspallata
  Tel. (02624) 42 0003
  www.granhoteluspallata.com.ar

Parque Provincial Aconcagua 15 ⭐ [B8]

Vor der Landesgrenze mit Chile biegt von der Ruta 7 auf 3000 m Höhe im Andengebirge eine Schotterpiste ab, die zum Provinzpark Aconcagua führt. Im 71 000 ha großen Park erhebt sich mit dem **Aconcagua** (6960 m) der höchste

Gipfel Südamerikas. **!** Er bildet zusammen mit weiteren Fünftausendergipfeln das »Dach Amerikas«. Aconcagua heißt in Ketschua »steinerner Wächter« und in der Sprache der Aymarás »verschneiter Berg«. Seine Erstbesteigung gelang 1897 dem Schweizer Matthias Zurbriggen. 1985 fand man in der Südostflanke auf 5300 m Höhe ein Kindergrab aus der Inkazeit, wohl eine Opfergabe an den Gott *apu*.

Eine sehr gute Ausrüstung sowie ausgezeichnete Kondition sind unerlässlich für die Besteigung des Aconcagua. Das Basiscamp **Plaza de Mulas** befindet sich auf 4370 m Höhe (www.aconcagua.com.ar).

Auf 2720 m Höhe liegt die **Puente del Inca** ⭐ (Inkabrücke), die durch Erosion und Ablagerungen mineralischer und schwefelhaltiger Quellen geformt wurde und über den Río Mendoza reicht. Sehenswert ist auch die Ruine des Thermalhotels, das 1925 errichtet und 1965 von einer Lawine zerstört wurde.

In **Los Puquios** stößt man auf einen kleinen Bergsteigerfriedhof. Der höchste Punkt der Passstraße ist die Christusstatue **Cristo Redentor** an der argentinisch-chilenischen Grenze auf 3850 m Höhe. Sie wurde 1904 als internationales Friedensdenkmal errichtet.

Hotel

Hostería Puente del Inca €€
Einfache, dennoch nicht preisgünstige Herberge mit Restaurant für Bergsteiger und Skifahrer.
• Ruta 7, km 175 | Puente del Inca
  Las Heras | Tel. (02624) 42 0266

Reserva Natural Villavicencio 16 ⭐ [C8]

Das wertvolle Mineralwasser aus **Villavicencio** (1800 m) wird im ganzen Land getrunken. **!** Seit 2001 ist das Gebiet (70 000 ha) um die Quellen ein Naturreservat. Die riesigen Park- und Gartenanlagen eignen sich für Tageswanderungen.

San Rafael 17 [C9]

Der ruhige Weinort mit 173 000 Einw., 230 km südlich von Mendoza, wurde erst 1805 gegründet. Von San Rafael aus lohnt ein Ausflug zu den **Salinas de Diamante,** einem 1000 ha großen Salzabbaugebiet an der Ruta 40, oder in die Canyon-Landschaft des Valle Grande.

Hotel

Finca La Carmelita €€€
Kleines, gepflegtes Landgut mit Olivenbäumen, Pool, Pferden und sehr guter Küche; deutschsprachig.
• Carmona 2500 | San Rafael
  Tel. (0260) 15 464 2695
  www.fincalacarmelita.com

Weingut

Auf dem Weg ins Valle Grande liegt die **Bodega Labiano.** Seit 1925 betreibt Familie Labiano das Weingut mit kleinem Museum, Unterkunft und Brunnen, aus dem Rotwein sprudelt.
• Rama Caida | San Rafael
  Tel. (0260) 444 1034
  www.bodegalabiano.com

Das grandiose Fitz-Roy-Massiv

PATAGONIEN

Kleine Inspiration

- **Sich ein Zimmer nehmen** auf der Estancia El Pedral und an den Exkursionen zur Tierbeobachtung teilnehmen › S. 126
- **Mit dem Sessellift auf den Cerro Campanario fahren** und die Aussicht auf Andengipfel und Seen genießen › S. 131
- **Den spektakulären Ausblick auf sich wirken lassen** vom Mirador Belvedere in Villa La Angostura und anschließend Fondue essen im Cocina Waldhaus › S. 132, 133
- **Ein Fangobad nehmen** in den Termas de Copahue auf fast 2000 Meter Höhe › S. 134
- **Dem Charme eines patagonischen Städtchens nachspüren** wie El Calafate › S. 135

Patagonien grenzt im Süden an die Magellanstraße und ist mit der Halbinsel Valdés, den nordpatagonischen Nationalparks und dem Gletscher-Nationalpark ein Traumziel für Naturfreunde.

Im Norden Patagoniens liegt an der Atlantikküste das Tierparadies Reserva Nacional Península Valdés, das zum UNESCO-Weltnaturerbe zählt. Am Ufer der Steilküsten tummeln sich See-Elefanten und Seelöwen. Über die Halbinsel huschen patagonische Strauße und Guanakos, und in Punta Tombo nisten Tausende von Magellanpinguinen in ihren Erdlöchern. Von Juni bis November kommen Glattwale in die Bucht des Golfo Nuevo. Tierbeobachtungen im artenreichen Naturreservat Valdés sind ein besonderes Erlebnis.

Weiter östlich, in den nordpatagonischen Anden längs der Grenze zu Chile, liegen wunderschöne Nationalparks mit Bergen, Seen und endlosen Zypressen-, Araukarien- und Myrtenwäldern. Im Süden der »Argentinischen Schweiz« ist Esquel der Hauptausgangsort für Touren in den Parque Nacional Los Alerces. Im Norden startet man vom bekannten Skiort San Martín de los Andes in den nahe gelegenen Parque Nacional Lanín. Die Stadt San Carlos de Bariloche am weitverzweigten Lago Nahuel Huapí ist der zentrale Ausgangspunkt für alle Nationalparks in Nordpatagonien.

Der Parque Nacional Los Glaciares in Südpatagonien mit seinen riesigen Eismassen ist ein Höhepunkt jeder Argentinienreise. Die UNESCO hat das Gletschergebiet als Weltnaturerbe unter Schutz gestellt. Das Städtchen El Calafate dient als Ausgangsort für Touren, sowohl zu den Gletschern, als auch zu Dreitausendergipfeln wie dem Fitz Roy und dem Cerro Torre – Traumziele für Bergsteiger.

Nördlich der Gletscherwelt liegt in der Pampa die Höhle Cueva de las Manos (UNESCO-Weltkulturerbe), in der Felszeichnungen der Ureinwohner zu sehen sind.

Touren in Patagonien

Tour ⑪

Halbinsel Valdés

Trelew › Puerto Madryn › Reserva Nacional Península Valdés › Puerto Pirámides › Punta Ninfas › Punta Tombo › Trelew

Touren in der Region

 **Halbinsel Valdés**

lew. Der ideale Ausgangsort für Touren zur Halbinsel Valdés und zu den Pinguinkolonien ist **Puerto Madryn** 2 › **S. 125.** Wer mit dem Miet-

Route: Trelew › Puerto Madryn › Reserva Nacional Península Valdés › Puerto Pirámides › Punta Ninfas › Punta Tombo › Trelew

Karte: Seite 120
Dauer: 4–6 Tage (821 km)
Praktische Hinweise:

- Flug von Buenos Aires nach Trelew, weiter mit Bus nach Puerto Madryn. Touren zur Halbinsel Valdés können vor Ort gebucht werden.
- Alternativ bietet sich ein Mietwagen ab/bis Flughafen Trelew an.

Tour-Start:

In **Trelew** 1 › **S. 124** startet die Tierbeobachtungsreise in die **Reserva Nacional Península Valdés** 3 › **S. 125.** Als Einstieg lohnt ein Besuch des paläontologischen Museums in Tre-

Touren in Patagonien

Tour

Nordpatagonische Nationalparks

Bariloche › Nationalpark Nahuel Huapí › Villa La Angostura › Nationalpark Los Arrayanes › San Martín de los Andes › Nationalpark Lanín › Junín de los Andes › Paso Flores › Bariloche

Tour

Argentinische Schweiz

Bariloche › El Bolsón › Nationalpark Lago Pulelo › El Maitén › Nationalpark Los Alerces › Esquel

wagen anreist und länger bleiben will, übernachtet im winzigen Dorf **Puerto Pirámides** 4 › **S. 126** am Golfo Nuevo. Hier starten die Boote zur Walbeobachtung.

Abseits der Touristenströme gibt es in **Punta Ninfas** 5 › **S. 126** die Möglichkeit, weitere zwei bis drei Nächte auf einer Estancia in den Dünen zu übernachten und die dortigen Kolonien der See-Elefanten zu beobachten. Letztes Ziel dieser Tour ist **Punta Tombo** 7 › **S. 126**, etwa 80 km südlich von Trelew, wo sich die größte Magellanpinguin-Kolonie der Welt befindet.

Die Einkehr auf einen Tee mit Kuchen im walisischen Dorf **Gaimán** 6 › **S. 126** ist mittlerweile zu einem festen Bestandteil der örtlichen Tagestouren geworden.

Nord-patagonische Nationalparks

Route: Bariloche › Nahuel Huapí › Villa La Angostura › Los Arrayanes › San Martín de los Andes › Lanín › Junín de los Andes › Paso Flores › Bariloche

Karte: Seite 121
Dauer: 10 Tage (510 km)
Praktische Hinweise:
- Bariloche wird von Buenos Aires und El Calafate aus angeflogen und von Überlandbussen angefahren.
- Für die Tour empfiehlt sich ein Mietwagen.

Tour-Start:

San Carlos de Bariloche 14 › **S. 130** am Lago Nahuel Huapí ist der Ausgangsort für die Tour zu den nordpatagonischen Nationalparks mit ihrer vielfältigen Pflanzen- und Tierwelt. Die »Chaletstadt« liegt im Parque Nacional Nahuel Huapí › **S. 131** am Fuße der Anden-Kordillere. Zwei Nächte in Bariloche sind Minimum, um sich einen ersten Überblick über die Stadt zu verschaffen und die nähere Umgebung auf dem Circuito Chico bis zum **Parque Municipal Llao Llao** 15 › **S. 131** zu erkunden.

Am gegenüberliegenden Ufer des Lago Nahuel Huapí liegt **Villa La Angostura** 16 › **S. 132**. Eine Übernachtung in einem der rustikalen Holzhäuschen ist sehr erholsam. Zudem ist Villa La Angostura der Ausgangsort für eine Wanderung zu den Myrtenwäldern des **Parque Nacional Los Arrayanes** 17 › S. 133 auf der Península Quetrihué. Eine Erdstraße führt durch Araukarienwälder bis nach **San Martín de los Andes** 18 › S. 133. Auf dieser Strecke bieten sich wunderbare Ausblicke auf einsam gelegene Flüsse und Seen. In San Martín oder **Junín de los Andes** 19 › **S. 134** übernachtet, wer Tagestouren in den **Parque Nacional Lanín** 20 › **S. 134** plant. Wer Entspannung in einem Thermalbad der besonderen Art sucht, fährt zum Parque Provincial Copahue-Caviahue › **S. 134** und sollte dafür zwei Nächte einplanen.

An der Schotterpiste Ruta 40 liegt auf der Höhe des Staudamms bei Alicura in der Schafzucht-Pampa die Estancia El Manantial de Paso Flores › S. 139. Hier kann man übernachten und Ausritte oder Wanderungen in die Pampa unternehmen. Entlang dem tiefblauen Río Limay führt die Tour durch bizarre Felslandschaften zurück nach San Carlos de Bariloche.

Argentinische Schweiz

Route: Bariloche › El Bolsón › Nationalpark Lago Puelo › El Maitén › Nationalpark Los Alerces › Esquel

Karte: Seite 121
Dauer: 5 Tage (454 km)
Praktische Hinweise:
- Anreise nach Bariloche von Buenos Aires mit dem Flugzeug oder Bus. Rückreise von Esquel mit dem Bus.
- Für die Tour empfiehlt sich aber eher ein Mietwagen.

Tour-Start:

Die Fahrt geht von **San Carlos de Bariloche** 14 › S. 130 Richtung Süden durch die malerische Berg- und Seenlandschaft, am Lago Gutiérrez, Lago Mascardi und Lago Guillermo entlang in das Hopfenörtchen **El Bolsón** 12 › S. 128. Um einen ganzen Tag im **Parque y Reserva Nacional Lago Puelo** 13 › S. 129 verbringen zu können, empfiehlt es sich, zwei Nächte in El Bolsón zu bleiben. Eisenbahnfreunde machen auf dem Weg zum **Parque Nacional Los Alerces** 9 › S. 127 einen Abstecher nach

El Maitén 10 › S. 128, um die Lokomotiven und Wagen des Patagonia Express zu bestaunen. Im Nationalpark Los Alerces liegt am Lago Futalaufquen die gleichnamige Hostería, von der aus Wanderungen und Bootsfahrten in den Nationalpark angeboten werden. Von **Esquel** 8 › S. 127 startet der Patagonia Express zu Sonderfahrten in die argentinische Pampa.

Patagonische Gletscherwelt

Route: El Calafate › Parque Nacional Los Glaciares › El Chaltén › El Calafate

Karte: Seite 124
Dauer: 7 Tage (688 km)
Praktische Hinweise:
- Flug von Buenos Aires, Trelew oder Ushuaia nach El Calafate, Busfahrt nach El Chaltén und zurück.
- Geführte Tagestouren ab El Calafate und El Chaltén zu den Gletschern kann man vor Ort oder von Deutschland aus buchen › S. 29.

Tour-Start:

El Calafate 21 › S. 135 hat durch die zunehmenden Gästezahlen einen eigenen Flughafen bekommen. Drei Nächte sollte man hier mindestens verbringen.

Die erste Tour im **Parque Nacional Los Glaciares** 22 › S. 136 führt mit dem Katamaran auf dem Brazo Norte (Nordarm) des Lago Argentino zu den Gletschern Spegazzini und Upsala. Am zweiten Tag geht es zum Gletscher Perito Moreno, dem größten im Nationalpark Los Glaciares. Ständig stürzen riesige Eisbrocken von den 60 m hohen Eiswänden in den Gletschersee – ein unvergessliches Spektakel!

Wer länger im Nationalpark bleiben möchte, sollte zwei bis drei Nächte in **El Chaltén** 23 › **S. 137** anhängen und vom Pionierdorf aus die Laguna Torre mit Blick auf den Cerro Torre und auf das grandiose Fitz-Roy-Massiv erwandern.

Unterwegs in Patagonien

Trelew 1 [E15]

Trelew heißt auf walisisch »Dorf des Luis«. Die Stadt (99 500 Einw.) wurde 1886 von walisischen Einwanderern gegründet und nach Lewis Jones benannt. Sehenswert ist in Trelew das **Museo Paleontológico**

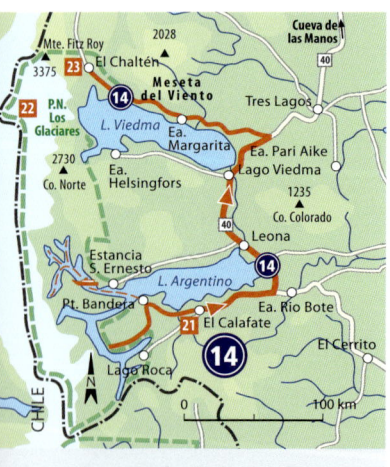

Touren in Patagonien

Tour 14

Patagonische Gletscherwelt

El Calafate › Parque Nacional Los Glaciares › El Chaltén › El Calafate

Egidio Feruglio, eines der wissenschaftlich wichtigsten Museen des Landes. Es zeigt Skelette der Saurier, die einst die Gegend bewohnt haben. Auch von der größten Saurierart (Argentinosaurus) sind Reste der Wirbelsäule ausgestellt. Das **Museo Regional Pueblo de Luis** im alten Bahnhofsgebäude zeigt anschaulich die interessante Geschichte Trelews.

Info

ENTRETUR Ente Trelew Turístico
• Planetario | Trelew
  Tel. (0280) 443 1519
  www.trelewpatagonia.gov.ar

Hotel

Rayentray €€
Traditionshotel mit Restaurant und Pool.
• Belgrano 397 esq. San Martín
  Trelew | Tel. (0280) 443 4702
  www.cadenarayentray.com.ar

Restaurant

Miguel Angel Trattoria €€
Das schicke italo-argentinische Restaurant ist ein echter kulinarischer Lichtblick. Günstiges Mittagsmenü.
• Av. Fontana 246 | Trelew
  Tel. (0280) 443 0403 | Mo geschl.

Puerto Madryn 2 [E15]

67 km von Trelew entfernt liegt die Hafenstadt Puerto Madryn mit 82 000 Einw. Sie ist der ideale Ausgangsort für Touren zur Halbinsel Valdés. Wer sich für Meerestiere interessiert, findet Informationen im **Museo Oceanográfico y Ciencias Naturales** (Menéndez y Dome Garcí).

Neu ist das **Ecocentro,** ein Infozentrum über die patagonische Fauna und Flora (Julio Verne 3784).

Info
Secretaría de Turismo
• Av. Roca 223 | Tel. (0280) 445 3504
Terminal | Tel. (0280) 447 5971
Puerto Madryn
www.madryn.gov.ar/turismo

Hotels
Península Valdés €€€
An der Strandpromenade, mit Bar und Spa-Bereich.
• Av. Roca 151 | Puerto Madryn
Tel. (0280) 447 1292
www.hotelpeninsula.com.ar

Bahía Nueva €€
Gemütliches kleineres Hotel an der Strandpromenade.
• Av. Roca 67 | Puerto Madryn
Tel. (0280) 445 0145
www.bahianueva.com.ar

Restaurants
Cantina El Nautico €€
Traditionelles Meeresspezialitäten-Restaurant an der Promenade. Probierenswert: z. B. *langostinos grillé*.

• Av. Julio A. Roca 790 (Ecke Lugones)
Puerto Madryn | Tel. (0280) 447 1404
www.cantinaelnautico.com.ar

En Mis Fuegos: Cocina con Identidad €€
Die kreative Küche von Gustavo Rapretti zählt zu den kulinarischen Highlights der Region. Feines Seafood.
• Avenida Gales 32 | Puerto Madryn
Tel. (0280) 460 3342
www.gustavorapretti.com.ar
März–Dez. So, Mo geschl.

Shopping
• Bei **EK** bekommt man kunstvolle Webarbeiten aus naturgefärbter Schaf- und Baumwolle (Patagonia 738).

Reserva Nacional Península Valdés 3 ⭐ 9 [F14–15]

Die **Halbinsel Valdés** ist aufgrund ihrer einzigartigen Tierwelt seit 1999 UNESCO-Weltnaturerbe.

In der Bucht des **Golfo Nuevo** treffen jedes Jahr im Juni Glattwale ein, um ihre Jungen zu gebären. Im Dezember ziehen sie wieder ins Meer. Von September bis April können in der Bucht außerdem Delfine beobachtet werden. Im **Golfo San José,** in **Punta Norte** und an der **Caleta Valdés** kann man von September bis April Orkas, See-Elefanten und Magellanpinguine beobachten.

Unterhalb des Leuchtturms in **Punta Delgada** liegen See-Elefanten am Strand und in **Punta Alta** Seelöwen. Sie sind ganzjährig zu sehen, Magellanpinguine von Sept.–April.

Die **Isla de los Pájaros** (Vogel-insel) liegt vor der Halbinsel Valdés im Golfo San José. Sie beherbergt eine Vielzahl von Meeresvögeln. Die Insel darf nicht betreten wer-den. Von einem Aussichtsturm vom Festland aus kann man die Vögel mit Ferngläsern beobachten.

Puerto Pirámides **4** [F14/15] (ca. 400 Einw) ist benannt nach seiner pyramidenförmigen Sandsteinküste und das einzige Dorf im Nationalre-servat Halbinsel Valdés. Die Gebäu-de liegen in der Dünenlandschaft am Meer. Hier starten von Juni bis Dezember täglich Boote zur Wal- und Delfinbeobachtung.

Hotels/Restaurants
Faro Punta Delgada €€€
Direkt am Leuchtturm an der Südostküs-te gelegenes Hotel mit Restaurant.
• Tel. (0280) 445 8444
  www.puntadelgada.com

Las Restingas €€
Direkt am Strand, mit Restaurant.
• Rivera y 1. Bajada al Mar
  Puerto Pirámides | Tel. (0280) 449 5101
  www.lasrestingas.com

Aktivitäten
Jorge Schmid organisiert Bootsfahrten zur Walbeobachtung. **50 Dinge** ㉒
› S. 14.
• Segunda Bajada al Mar
  Puerto Pirámides | Tel. (0280) 449 5112
  www.puntaballena.com.ar

Shopping
Tara
Keramik, Schmuck und Kunsthandwerk.
• Av. Roca s/n | Puerto Pirámides

Punta Ninfas **5** [F15]

Unterhalb des Leuchtturms am Ende der Bucht des Golfo Nuevo tummeln sich Seelöwen. 10 km ent-fernt liegt wie ein Schloss die Estan-cia El Pedral in den Dünen.

Hotel
El Pedral €€€
Traumhaft gelegene Estancia mit Pool; Exkursionen zur Tierbeobachtung.
• Punta Ninfas | Tel. (0280) 447 3043
  www.elpedral.com.ar

Gaimán **6** [E15]

Nach der Tierbeobachtung ist die Einkehr auf einen Tee im walisischen Dorf Gaimán Bestandteil vieler Ex-kursionen. Die Bewohner halten an der Tradition ihrer Vorfahren fest und bieten den Gästen in liebevoll eingerichteten Steinhäusern Tee und Kuchen an.

Restaurant
Casa de Té y Museo Ty Nain €–€€
Teehaus mit kleinem Museum.
• Av. Yrigoyen 283 | Gaimán
  Tel. (0280) 449 1126

Punta Tombo **7** ⭐ [E15/16]

Punta Tombo ist der größte Nist-platz der Magellanpinguine und mit über 2 Mio. Tieren die größte Kolo-nie der kleinsten Pinguinart der Welt. Besonders interessant ist es im Febr. und März, wenn die Kleinen geschlüpft sind. **50 Dinge** ㉕ › S. 15.

Esquel 8 [B15]

Esquel (28 500 Einw.), 1906 gegründet, ist der Ausgangsort für den Nationalpark Los Alerces. Im Jahr 1945 wurde **La Trochita**, die Schmalspurbahn, auch **Patagonia Express** genannt, gebaut, die Esquel mit Ingeniero Jacobacci in der nördl. Provinz Río Negro verband. Die Fahrt über 380 km dauerte 18–20 Std. Die Zugverbindung war für Esquel von großer Bedeutung, da mit ihr die produzierte Schafwolle weitere Märkte erreichen konnte. Heute ist La Trochita nur noch für Touristen im Einsatz und fährt von Jan.–Febr. Mo–Sa, im März Di und Sa, sonst nur Sa um 10 Uhr ab Esquel ins 30 km entfernte Mapuche-Indianerdorf Nahuel Pan (www.patagoniaexpress.com). **50 Dinge** ④ › S. 12.

Magellanpinguin im Reservat Punta Tombo

Info

Secretaría de Turismo
• Av. Alvear y Sarmiento | Esquel
  Tel. (02945) 451 927
  www.esquel.gov.ar

Hotels

Cumbres Blancas €€
Gemütliche Atmosphäre, komfortable Zimmer, Restaurant, Massage.
• Av. Ameghino 1683 | Esquel
  Tel. (02945) 455 100
  www.cumbresblancas.com.ar

Rayen Hue €€
Traditionelle Holzhäuschen in einem großen Blumengarten.
• Miguens 40 | Esquel
  Tel. (02945) 454 303
  www.rayenhue.com.ar

Restaurant

De María €
Grillspezialität *parrillada mixta*.
• Rivadavia 1024 | Esquel
  Tel. (02945) 454 247

Parque Nacional Los Alerces 9 ★ [B15]

Besonders Anfang Dezember, wenn der Ginster blüht, erstrahlt die Berg- und Seenlandschaft des Nationalparks in brillantem Farbspiel. Bereits 1937 wurden die riesigen Alercewälder und die Seen Futalaufquen, Verde, Menéndez und Rivadavía zum Schutzgebiet erklärt.

Über 263 000 ha umfasst der Nationalpark, in dem die seltenen Patagonischen Zypressen (*Alerces*) heimisch sind. Am Lago Menéndez stehen Baumriesen, die zwischen

2500 und 3500 Jahre alt sind. Herzstück des Parks ist der Lago Futalaufquen. In **Villa Futalaufquen** am Südende des Sees hat die Nationalparkverwaltung ihren Sitz, die Informationen über Wander- und Angelmöglichkeiten bereithält.

Info

Parque Nacional Los Alerces
• Villa Futalaufquen
  Tel. (02945) 47 1020
  www.parquesnacionales.gob.ar

Hotels

Hostería Futalaufquen €€€
Naturlodge mit Ausflugsprogramm.
50 Dinge (9) › **S. 13.**
• Lago Futalaufquen
  Tel. (02945) 47 1008
  www.hosteriafutalaufquen.com

Hostería Quimé Quipán €€
Einfache, aber komfortable, etwas kühl wirkende Zimmer (teils mit Seeblick) mit Bad und Halbpension, auch Cabañas für fünf Personen.
• 6 km nördl. von Villa Futalaufquen an der Ruta 71 | Tel. (02945) 47 1021
  www.quimequipan.com.ar
  Nov.–April geöffnet

Autocamping Pellegrini €
Ökologischer Betrieb am Seeufer mit einfachen Zimmern; deutschsprachig.
• Lago Pellegrini | 2,1 km von Cholila
  Tel. (02945) 498 030

El Maitén 🔟 [B/C14]

Benannt ist der Ort nach dem patagonischen Baum Maitén mit seinen roten Blüten. Auf den Abstellgleisen

der Haltestelle des Patagonia Express stehen ausrangierte Henschel-Lokomotiven und Waggons, die einst aus Deutschland importiert wurden. 50 km südlich liegt an der Ruta 40 das **Museo Leleque** 🔟 [B/C15], in dem die Geschichte der Mapuche-Indianer und die Besiedlung Patagoniens dargestellt werden (Ruta 40, km 1440, Leleque, Jan., Febr. 11–19, März, Dez. 11–17 Uhr, Mi geschl., www.interpatagonia.com/paseos/leleque).

El Bolsón 🔟 [B14]

Im Jahr 1883 wurde El Bolsón (15 500 Einw.) im schönen, weiten Hopfental am Río Quemquemtreu zwischen Andengipfeln gegründet. In den 1960er-Jahren ließen sich hier Abenteurer nieder, in den 1970er-Jahren Hippies aus aller Welt. Sie machen das individuelle Flair von El Bolsón aus. Um den Ort wachsen Beeren, Kirschen und jede Menge wilde Hagebutten. Sie werden zu Marmeladen, Likören und Süßspeisen sowie zu hochwertigen Körperpflegeprodukten verarbeitet. In kleinen Brauereien wird bemerkenswert gutes Bier hergestellt.

Info

Oficina de Informes Turísticos
• Mario J. Guasco y Gral. Roca
  El Bolsón | Tel. (0294) 449 2604
  www.turismoelbolson.gob.ar

Hotels

La Casona de Odile €€
Am Río Quemquemtreu gelegene Ökolodge mit französischer Küche. Yoga.

Der Gletschersee Lago Puelo im gleichnamigen Nationalpark

- Barrio Luján | 5 km von El Bolsón
  Tel. (0294) 449 2753
  www.odile.com.ar

Cabañas Portal Norte €€
Gemütliche Gästehäuschen im 4 ha
großen Anwesen mit Pool.; eigene
Forellenzucht.
- Ruta 40, km 1920 | El Bolsón
  Tel. (0294) 449 2198
  www.portalnortecabanias.com.ar

Restaurants
Luz de Luna Bistro €€
Der über Stunden in Rotwein geschmor-
te Lammbraten ist ein Gedicht!
- Ruta 16, km 10 | Lago Puelo
  Tel. (0294) 459 0298
  www.luzdelunabistro.com.ar
  Mo geschl.

Nosotros Restó €€
Familiäres Restaurant auf großem
Gelände; selbst gebackene Kuchen.
- Ruta 16, km 0,6 y Paralelo 42
  Lago Puelo
  Tel. (0294) 449 2586
  www.cabaniasnosotros.com.ar

Shopping
Feria Regional, ❗ bunter Markt für
Lebensmittel und Kunsthandwerk auf
der Plaza Pagano (Di, Do, Sa, So/Fei).

Brauereien
- Otto Tipp war 1890 ❗ der erste Bier-
  brauer in El Bolsón mit seiner **Cervecería Patagónica** (Mo 9–14, Di–Sa
  10–17 Uhr).
  Islas Malvinas y Roca | El Bolsón
  Tel. (0294) 449 3700
- Auch in der **Cervecería El Bolsón**
  sind Besichtigung und ❗ Kostproben
  möglich (Mo–Fr 9–16 Uhr).
  Ruta 258, km 123,9 | El Bolsón
  Tel. (0294) 449 2595
  www.cervezaselbolson.com

Parque y Reserva Nacional Lago Puelo ⓭ ⭐ [B14]

1971 wurden der schön gelegene
Gletschersee und der umliegende
Regenwald zur Schutzzone erklärt.
Die Besonderheit des 50 km südlich

von El Bolsón › **S. 128** gelegenen, 27 674 ha großen Nationalparks ist, dass der Lago Puelo inmitten der Anden an der chilenischen Grenze nur 200 m hoch liegt, wodurch es zu einem Mikroklima kommt, in dem ❗ endemische Baumarten wie der Ulmo und der Lingue wachsen. Informationen über Wander- und Reittouren in den Nationalpark bekommt man im Tourismusbüro an der Plaza Pagano in El Bolsón.

San Carlos de Bariloche **14** [B14]

Die Stadt (133 500 Einw.) wurde erst 1902 am Ufer des tiefblauen **Lago Nahuel Huapí** mit Blick auf die schneebedeckte Gebirgslandschaft gegründet und von Einwanderern aus Deutschland, Österreich und der Schweiz besiedelt, die ihre Häuser im alpenländischen Stil bauten. Sie liegt 500 m hoch, hat eine sehr gute touristische Infrastruktur mit Wanderwegen und Skipisten, guter

Centro Cívico, das Rathaus in Bariloche

Gastronomie und kleinen Brauereien. Im **Centro Civico,** dem Rathaus von Bariloche, ist außer der Touristeninformation auch das **Museo de la Patagonia Francisco P. Moreno** untergebracht, das an die Ureinwohner der Region, die Vuriloche-Indianer, erinnert. Sie gaben dem Ort seinen Namen. »Vuriloche« sind in Mapuche Menschen, die »hinter dem Berg« leben. Der Architekt Ezequiel Bustillo hat das Rathaus mit seinem Steinturm und der großen Turmuhr im alpenländischen Stil entworfen. Die vier für die Region repräsentativen Figuren (Indianer, Missionar, Eroberer und Bauer) drehen sich um 12 und 18 Uhr in der Turmuhr im Kreis. In der beeindruckenden neogotischen **Kathedrale** aus weißem Stein sind die Glasmalereien sehenswert.

Am **Cerro Catedral** befindet sich das größte Skizentrum Südamerikas mit 12 000 ha.

Info

Información turistica
- Centro Cívico | Mitre y Urquiza Bariloche | Tel. (0294) 442 9850 www.bariloche.com

Hotels

Llao Llao Golf Spa €€€
Luxushotel im Parque Municipal Llao Llao, Golfplatz, Pool, Panoramablick.
- Av. Bustillo, km 25 | Bariloche Tel. (0294) 444 8530 www.llaollao.com.ar

Hotel 3 Reyes €€
An der Uferstraße des Lago Nahuel Huapí; mit Restaurant.

- Av. 12 de Octubre 135 | Bariloche
  Tel. (0294) 442 6121
  www.hotel3reyes.com.ar

Hotel Tirol €
Familiäres Hotel, Seesicht, sehr
guter Service; deutschsprachig.
- Libertad 175 | Bariloche
  Tel. (0294) 442 6152
  www.hoteltirol.com.ar

Restaurants
El Boliche de Alberto €€€
Grillspezialitäten vom Allerfeinsten.
50 Dinge ⑫ › S. 13.
- Elflein 158 | Bariloche
  Tel. (0294) 443 4564
  www.elbolichedealberto.com.ar

Berlina Cerveza Artesanal €€
Brauerei-Restaurant an der Uferstraße.
- Av. Bustillo, km 11,7 | Bariloche
  Tel. (0294) 452 3336
  www.cervezaberlina.com

Familia Weiss €€
Traditionelles Lokal mit eigenem Bier
und Räucherspezialitäten.
- Vice Almirante O'Connor 404 / Palacios
  Bariloche | Tel. (0294) 443 5789

Shopping
Fitz Roy
Gut gearbeitete Web-, Leder- und Silber-
arbeiten. **50 Dinge** ㉜ › S. 16.
- Mitre 20 | Bariloche

Circuito Chico

Viele Reiseveranstalter (Adressen
bei der Touristinfo) organisieren
Touren ab Bariloche. Als beliebtes-
ter Ausflug gilt der 60 km lange Circuito Chico, eine landschaftlich
reizvolle Tagestour. Sie führt auf der
Avenida Bustillo am Seeufer entlang
bis zum 25 km entfernten Hotel
Llao Llao › S. 130 im **Parque Municipal Llao Llao** 15 ⭐ [B14], der seinen Namen von der Parasitenfrucht
des Coihue-Baums hat.

Bei km 17,5 befindet sich die Ses-
selliftstation des **Cerro Campanario**.
Von der Bergstation hat man einen
einmaligen Blick auf den Nationalpark Nahuel Huapí. Weitere Attrak-
tionen auf der Tour sind die **Halbinsel San Pedro**, die **Kapelle San
Eduardo** und der Hafen **Puerto
Pañuelo**. Die Straße führt durch den
Regenwald zum traditionellen Dorf
Colonia Suiza. Der Chef des dort ansässigen Campingplatzes braut ein
eigenes Bier, das *Valais Cerveza Artesanal* (Tel. 0294 444 8627).

Über den **Lago Moreno** geht es
zum Aussichtspunkt mit Blick auf
das in märchenhafter Berg- und
Seenkulisse eingebettete Llao-Llao-
Hotel. Der Circuito Chico kann
auch als **Tour de Cerveza** (Biertour)
unternommen werden, da sich auf
dieser Strecke einige der örtlichen
kleinen Bierbrauereien befinden.

Parque Nacional Na-
huel Huapí ⭐ [B13–14]

Bereits 1934 wurde eine Fläche von
710 000 ha zum Nationalpark erklärt. Er ist geprägt von einer atemberaubenden Berglandschaft mit
unberührten Wäldern, klaren Seen
und imposanten Gipfeln. In der
Mitte liegt das 55 700 ha große ehe-

malige Gletschersee. Höchster Berg im Park ist der Cerro Tronador.

In den regenreicheren Gebieten wächst der **valdivianische Regenwald** mit Coihues- und Alerces-bäumen bis auf 1200 m. Im Unterholz gedeihen bis zu 5 m hohe Bambuswälder, Riesenfarne, Lianen und Pangue, eine Art Riesenrhabarber, dessen Blätter für die Zubereitung des patagonischen Erdofengerichts *curanto* verwendet werden.

Besondere Tiere des Nationalparks sind der Pudu, die kleinste Hirschart der Welt, und der südliche Flussotter. Der Nationalpark verfügt über eine gute touristische Infrastruktur, zahlreiche Campingplätze und *refugios* (Hütten) sowie Wanderwege, die zum Teil markiert sind. Ausgangspunkt für Besucher ist Bariloche › **S. 130,** wo auch die Parkverwaltung ihren Sitz hat.

Info

Parkverwaltung Nahuel Huapí
Bietet eine Liste örtlicher Veranstalter für Aktiv-Tagestouren an.

Für viele der schönste See Argentiniens: Lago Nahuel Huapí

• Av. San Martín 24 | Bariloche
Tel. (0294) 442 3111
www.nahuelhuapi.gov.ar

Aktivitäten

Mehrtägige Wander- oder Klettertouren im Nationalpark mit erfahrenen Führern und Infos über Berghütten *(refugios)* vermittelt der **Club Andino.**
• 20 de Febrero 30 | Bariloche
Tel. (0294) 442 2266
www.clubandino.org

Villa La Angostura 16 [B14]

Der Ferienort (11 000 Einw.) wurde 1932 gegründet und bietet wunderschöne, bestens ausgestattete kleine Holzhäuschen und Hosterías.

Sehenswert ist das 1942 vom Architekten Bustillo erbaute Schlösschen **Residencia El Messidor** am Ufer des Lago Nahuel Huapí, heute Sitz der Provinzregierung. Vom Aussichtspunkt **Mirador Belvedere** bietet sich ein spektakulärer Ausblick auf den See mit Río Correntoso und die Anden bis hinüber nach Chile.

Info

Oficina de Turismo
• Av. Arrayanes 9 | Villa La Angostura
Tel. (0294) 449 4124
www.villalaangostura.gov.ar

Hotels

La Estancia €€€
Holzhäuschen auf 2 ha Parkgelände.
• Ruta 40, km 2112 | Villa La Angostura
Tel. (0294) 449 5278
www.cabaniaslaestancia.com.ar

Quetrihué €€€
Rustikale Holzhäuser oberhalb des
Seeufers, Pool, schöner Garten.
- Río Colorado 78
  Villa La Angostura
  Tel. (0294) 449 5061
  www.quetrihue.com.ar

Restaurants
Cocina Waldhaus €€
Raclette, Fondue, über 250 Weine.
- Av. Arrayanes | Ruta 40
  Puerto Manzano | Tel. (0294) 47 5323

Cervecería Australis €€
❗ Selbst gebrautes Pilsener und Stark-
bier mit *tabla australis* (kalter Platte).
- Av. Arrayanes 2490
  Ruta 40, km 2113 | Villa La Angostura
  Tel. (0294) 449 5645

Parque Nacional Los Arrayanes 17 ★ [B14]

Südlich von Villa La Angostura liegt
der Eingang zum Nationalpark Los
Arrayanes auf der Halbinsel Quetrihué im Lago Nahuel Huapí. 1971
wurden die 1753 ha, auf denen die
seltenen patagonischen Myrtenbäu-
me *(arrayán)* wachsen, ❗ zum eigenen Schutzgebiet im Nationalpark Nahuel Huapí erklärt. Die
prächtigen Bäume, die fast 600 Jahre alt und bis zu 20 m hoch sind,
haben eine zimtrote Baumrinde.

Hier findet man auch den am
weitesten im Süden lebenden Koli-
bri der Welt, den Rubi. Von Villa La
Angostura aus kann man den Nationalpark über einen 12 km langen
Weg erwandern.

San Martín de los Andes 18 [B13]

Die 23 500-Seelen-Gemeinde liegt
malerisch am Ufer des Lago Lácar.
Hier ist der südliche Ausgangsort
für Touren in den Parque Nacional
Lanín › **S. 134**. Am 2394 m hohen
Hausberg Cerro Chapelco liegt das
beliebte, gut ausgebaute Skigebiet
von San Martín. 18 km entfernt, am
Ufer des Lago Lácar, befindet sich
Quila Quina, eines der Mapuche-
Dörfer, die im Rahmen des Natio-
nalparks Lanín geschützt werden.

Eindrucksvoll ist auch der Blick
vom **Aussichtspunkt** auf die 17 km
südlich von San Martín gelegene
Wasserscheide. Hier fließt der Río
Pilpil in zwei Richtungen ab, ein
Flussarm führt zum Lago Lácar und
damit zum Pazifik, der andere zum
Atlantik.

Info
Secretaría de Turismo
- Av. San Martín y Juan Manuel
  de Rosas | San Martín de los Andes
  Tel. (02972) 427 347
  www.sanmartindelosandes.gov.ar

Hotels
La Cheminée Hotel & Spa €€€
Stilvolles Hotel mit offenem Kamin, Pool.
- Moreno y Roca | San Martín de los
  Andes | Tel. (02972) 42 7617

La Posta del Cazador €€€
Traditionelle Familienhostería.
- Av. San Martín 175 | San Martín de
  los Andes | Tel. (02972) 42 7501
  www.lapostadelcazador.com.ar

Restaurant

Doña Quela €€

Hirsch-, Wildschwein und Forellen-
gerichte in gemütlicher Atmosphäre.

• Av. San Martín 1017 | San Martín de
los Andes | Tel. (02972) 42 0670

Junín de los Andes 19 [B13]

Die 1883 gegründete Stadt ist für
viele nur Durchgangsstation zum
Parque Nacional Lanín. Das **Museo
Roca Jalil**, einst ein Lebensmittel-
geschäft, stellt historische Alltagsgegenstände aus. Die umliegenden
Lodges sind auf Gäste spezialisiert,
die von März bis Mai zur Wild-
schwein- und Rothirschjagd oder
zum Fliegenfischen kommen.

Info

Subsecretaría de Turismo

• Milanesio y Suárez | Junín de los
Andes | Tel. (02972) 49 1160
www.junindelosandes.gov.ar

Hotel

Tipiliuke €€€

Ländlicher Luxus 22 km südl. von Junín
für bis zu 18 Gäste auf dieser Estancia;
Reiten, Trekking und Rafting.

• Valle de Río Chimehuín | Junín de los
Andes | Tel. (02972) 42 9466
www.tipiliuke.com | Okt.–Mai

Restaurant

La Posta de Junín €

Empanadas, Hirsch, *bife de chorizo.*

• Juan Manuel de Rosas 160
Ruta 234 | Junín de los Andes
Tel. (02972) 49 2303

Parque Nacional Lanín 20 ★ [B13]

50 km von Junín de los Andes liegt
der Nationalpark-Eingang am Lago
Huechulafquen. Die Schotterpiste
entlang des Sees führt zu den Mapu-
che-Dörfern Cañicul und Raquit-
hué und zum Lago Paimún, der in
den Lago Huechulafquen mündet.
Über den Seen erhebt sich majestä-
tisch der **Vulkan Lanín** (3776 m), ein
Gipfel für geübte Bergsteiger Die
Vegetation besteht überwiegend aus
Araukarien- und Coihuebäumen.

Noch etwa 100 Mapuche-Fami-
lien █ leben in sieben Gemeinden
innerhalb des Nationalparks. Die
Nationalparkverwaltung sieht es als
ihre Aufgabe an, auch die Kultur der
Ureinwohner zu schützen.

Info

Centro de Visitantes

• E. Frey 749 | San Martín de los Andes
Tel. (02972) 42 0664
www.pnlanin.org

Parque Provincial Copahue-Caviahue

392 km nördlich von Junín de los
Andes liegt im Parque Provincial
Copahue-Caviahue auf 1980 m das
berühmte Anden-Thermalbad **Ter-
mas de Copahue** ★ [B12], mit sei-
nen großen Fangobädern im Freien.
Bereits vor Jahrzehnten pilgerten
Rheumakranke nach Copahue, um
sich Linderung zu verschaffen.
Heute stehen den Gästen schöne

Unterkünfte zur Verfügung. Copahue heißt in Mapuche »Schwefel«. Die Fango-, Algen- und Dampfbäder sind gut für Knochen- und Hautkrankheiten und bei Atemwegsproblemen (Nov.–April).

18 km von Termas de Copahue liegt im selben Provinzpark der 1986 gegründete Ski- und Thermalort **Termas de Caviahue** ⭐ mit 470 Einwohnern. Da das Skigebiet recht schneesicher ist, herrscht hier ganzjährig Betrieb.

Hotel

Valle del Volcán €€€
Familiäres Hotel neben den Thermalquellen; mit Restaurant.
• Herrero Doucloux 120 | Copahue
  Tel. (02948) 49 5563
  www.hotelvalledelvolcan.com

Restaurant

La Covacha €€
Spezialitäten sind *empanadas* mit Hirschfleisch sowie Lamm-Asado.
• Las Lengas 18 | Caviahue
  Tel. (02948) 49 5127

El Calafate 21 [C20]

Auf nur 185 m Höhe in der argentinischen Schafzucht-Pampa liegt El Calafate, der Ausgangsort am Lago Argentino für Touren in den Gletscher-Nationalpark › **S. 136**. Er wurde nach dem hier wachsenden Strauch *calafate* (Berberitze) benannt. Die Legende besagt, dass derjenige wiederkommt, der seine Früchte gegessen hat.

Im Jahr 1994 hatte El Calafate 3118 Einwohner. Seitdem hat sich durch den Tourismus die Einwohnerzahl versiebenfacht. Trotzdem konnte sich Calafate seinen patagonischen Dorfcharakter bewahren, da die Häuser nicht höher als drei Stockwerke gebaut werden dürfen. Der Ort bietet vielfältige Einkaufs- und Einkehrmöglichkeiten sowie Unterkünfte aller Kategorien.

Info

Secretaría de Turismo
• Bajada de Palma 44 | El Calafate
  Tel. (02902) 491 090
  www.elcalafate.tur.ar

Die originellsten Brauereien

....

• Rot wie der Bart von Barbarossa ist das Etikett des Biers, das bei **BarbaRoja** [H9] ausgeschenkt wird (Ruta 25 No. 2567, Escobar, Bs.As., Tel. (0348) 443 2002, www.barbaroja.com.ar).
• **Viejo Munich** braut in Villa General Belgrano nach deutscher Tradition. › **S. 111**
• *Cerveza picante* (scharfes Bier), *cerveza de trigo* (Weizen) und *cerveza frambuesa* (Bier mit Himbeergeschmack) gibt es bei der **Cervecería El Bolsón**. › **S. 129**
• Wenn Otto Tipp in El Bolsón Ende des 19. Jhs. frisch gebraut hatte, hisste er die weiße Fahne. Das hieß: »ozapft is!« – **Cervecería Patagónica**. › **S. 129**
• **Australis** braut Pilsener und Starkbier in Villa La Angostura. › **S. 133**

Hotels

Kosten Aike €€€
Hotel im Tehuelche-Stil mit Pool,
Dachterrasse und Restaurant.
• Moyano 1243 | El Calafate
  Tel. (02902) 49 2424
  www.kostenaike.com.ar

El Quijote €€
Traditionelles Hotel, zentral gelegen;
mit Restaurant.
• Gdor. Gregores 1155 | El Calafate
  Tel. (02902) 49 1017
  www.quijotehotel.com.ar

Restaurants

La Cocina €€
Spezialität: Kürbis-Ravioli; Abendessen
bei Kerzenschein.
• Av. del Libertador 1245 | El Calafate
Tel. (02902) 49 1758

La Tablita €€
❗ Spezialität ist Lamm-Asado.
Reservierung empfehlenswert.
• Cnl. Rosales 28 | El Calafate
  Tel. (02902) 49 1065

Shopping

Xtremo Sur
Trekkingausrüstung, Kleidung im
patagonischen Stil.
• Av. Libertador 1092 | El Calafate

Cruz del Sur
Hier kann man Gauchohosen kaufen.
• Av. Libertador 1064 | El Calafate

Aktivitäten

An der Hauptstraße in El Calafate bieten
Büros **Schiffs- und Wandertouren** an,
u. a. im Fitz-Roy-Massiv, und Gletscher-
Trekking auf dem Perito Moreno.

Parque Nacional Los Glaciares 22 ⭐ [B19–20]

Bereits seit 1937 ist die 726 000 ha
große Fläche, die Gletscher, Berge
und Seen umschließt, ein Nationalpark. 1981 hat die UNESCO diese gewaltigen Eismassen zum Weltnaturerbe erklärt. Teil des großen
Gletscher-Nationalparks ist der Lago Argentino mit seinen Gletscher-
seearmen, die bis zur chilenischen
Grenze reichen.

Zu den **Gletschern Spegazzini** sowie **Upsala** gelangt man mit dem
Katamaran über die Gletscherseen.
Die beeindruckende Fahrt führt
zwischen riesigen Eisbrocken hin-
durch zu den bis zu 135 m hohen
Gletscherwänden des Spegazzini-
Gletschers. Allein der Upsala-Glet-
scher umfasst eine Fläche von etwa
595 km², was dreimal der Fläche
von Buenos Aires entspricht.

Ein besonderer Höhepunkt ist
der größte Gletscher des Nationalparks, der sich als einer der wenigen
Gletscher der Welt noch ständig
nachbildet: Der **Perito Moreno** ist
30 km lang, 5 km breit und hat über
60 m hohe Gletscherwände. Riesige
Eisbrocken brechen minütlich von
den Wänden ab und stürzen in den
Gletschersee – ein einmaliges
Schauspiel. **50 Dinge** ⑤ › S. 12.

Info

Parque Nacional Los Glaciares
• Av. Libertador 1302
  El Calafate
  Tel. (02902) 49 1005
  www.parquesnacionales.gob.ar

Der Gletscher Perito Moreno

El Chaltén 23 [B19]

Das Bergsteigerdorf (1600 Einw.) ist
zum Aussteigerort für Intellektuelle
und Naturfreunde aus den Großstädten geworden. El Chaltén, 1985
aus grenzstrategischen Erwägungen
gegründet, heißt in der Sprache der
Tehuelche-Indianer »blauer Berg«.
Von hier aus starten Bergsteiger aus
aller Welt, um den **Fitz Roy** (3405 m)
und den **Cerro Torre** (3128 m) zu er-
klimmen, die zu den schwierigsten
der Welt zählen. 50 Dinge ⑧ › S. 12.

Info
Secretaria de Turismo
• Avda. Güemes 21 | El Chaltén
Tel. (02962) 49 3370
www.elchalten.tur.ar

Hotels
Lodge El Puma €€€
Stilvolle Zimmer, Gourmetrestaurant.
• Lionel Terray 212
El Chaltén
Tel. (02962) 49 3095
www.hosteriaelpuma.com.ar

Hostería Fitz Roy Inn €€
Traditionelle, einfache Hostería.
• Av. San Martín 520
El Chaltén
Tel. (02962) 49 1117

Restaurant
La Casita €
Regionale Küche.
• Av. San Martín 535 (gegenüber
der Hostería Fitz Roy Inn)
El Chaltén
Tel. (02962) 49 3042

Cueva de las Manos ⭐

511 km nördlich von El Chaltén
liegt die von der UNESCO zum
Weltkulturerbe ernannte Höhle
Cueva de las Manos im Tal des Río
Pinturas. Die Felszeichnungen
stammen aus der Zeit von 7000 bis
1000 v. Chr. Es gibt Tier- und Men-
schenfiguren sowie Zeichnungen
und Abdrücke von Händen (span.
manos) zu sehen.

Urlaub bei den Gauchos

In der goldenen Einwandererzeit von 1850 bis 1930 bauten sich erfolgreiche Viehzüchter und Geschäftsleute prachtvolle, luxuriöse Landsitze auf ihre mehrere tausend Hektar großen Ländereien. So entstanden Estancias im spanischen Stil mit großzügigen Patios (Innenhöfen), im toskanischen Villenstil, im Stil englischer und französischer Schlösser und maurischer Paläste.

Für viele Estancieros (Großgrundbesitzer) ist der Tourismus heute zu einer wichtigen zusätzlichen Einnahmequelle geworden, und für Argentinienreisende, vor allem für Pferdeliebhaber und Reiter, sind ein paar Tage Estancia-Urlaub bei den Gauchos tatsächlich eine Besonderheit.

• www.estanciasargentinas.com

Provinz Buenos Aires

Rund um **San Antonio de Areco** [H9] (120 km westlich von Buenos Aires) liegen traditionelle Estancias, die Ausritte, Kutschfahrten und Vogelbeobachtung anbieten.

• **El Ombú de Areco** [H9]
Belle-Époque-Haus in Parklandschaft, mit Pool; deutschsprachig.
Tel. (02326) 49 2080
www.estanciaelombu.com

• **La Bamba de Areco** [H9]
Kolonialzeitliches Flair (1832), antike Einrichtung.
Tel. (02326) 45 4895
www.labambadeareco.com

• **La Unión** [H9]
Rustikale, familiäre Estancia mit Polo-Tradition, Pool.
Gral. Madariaga | Ruta 56, km 44
Tel. (02267) 1563 7983

Provinz Corrientes

Im subtropischen Norden leben die Estancias noch weitgehend von der Rinder- und Pferdezucht. Ausflüge führen zu Lagunen und Flüssen zur Beobachtung von Kaimanen, Flussschweinen und Vögeln.

- **Buena Vista** [H6]
  Wunderschöner Landsitz mit 4000 ha, erstklassige Küche; deutschsprachig.
  46 km von Esquina
  Tel. (03777) 46 8086
  www.estanciabuenavista.com.ar
- **Yapeyú** [J6]
  Am Río Uruguay gelegen, einfachere Ausstattung, Ausflüge in die Sümpfe.
  Ruta 14, km 560 | Guaviraví
  Tel. (03772) 63 4961
  www.estanciayapeyu.com.ar

Provinz Córdoba

Im Süden der Provinz bieten Estancias, die vom Weizen-, Mais- und Sojaanbau sowie der Rinderzucht leben, Unterkünfte an.

- **La Isabella** [E9]
  Familiäres Ambiente, Ausritte und Kutschfahrten; deutschsprachig.
  50 Dinge ⑩ › S. 13.
  Del Campillo | Tel. (03583) 49 9370
  www.estancia-la-isabella.com

Provinzen La Pampa und Río Negro

Im Norden Patagoniens grasen Rinder und Schafe in der Weite der Pampa und im Río-Negro-Tal vor einer wunderschönen Anden-Berglandschaft.

- **Los Molles** [F11]
  Hirschjagd-Estancia auf 15 000 ha großem Grundstück, ideal als Ausgangsort für Tierbeobachtungen;

sehr gute Küche, deutschsprachig.
Tel. (0911) 5473 7070
www.losmolles.com
- **El Manantial de Paso Flores** [C13]
  Oase mit Hallenbad in der patagonischen Pampa; deutschsprachig.
  Ruta 40 | 32 km vom Staudamm Alicura am Río Negro
  Tel. (02972) 42 3634
  www.estanciapasoflores.com

Provinz Santa Cruz

Im tiefen Süden Argentiniens leben die Estancieros hauptsächlich von der Schafzucht. Das Klima ist rauer als im Norden, die Landschaft karger und das Gefühl der Abgeschiedenheit intensiver. Die Estancias werden ganzjährig von Gauchos bewirtschaftet, die Estancieros selbst sind meist nur im patagonischen Sommer da und verbringen den Rest des Jahres in Buenos Aires.

- **Estancia Cancha Carrera** [C20]
  Zwischen den Nationalparks Los Glaciares und Las Torres (Chile) gelegene Schafzucht-Estancia im englischen Stil. Biking, Wandern.
  Tel. (02966) 42 0796
- **Hostería Alta Vista** [B20]
  Schafzucht-Estancia mit herrlichem Blick auf den Gletscher Perito Moreno.
  33 km von El Calafate
  Tel. (02902) 49 9908
  www.hosteriaaltavista.com.ar

Nach Einbruch der Dunkelheit wird es schwierig, unbeleuchtete Anreisewege zu finden. Bei Ankunft auf der Estancia sollte man hupen und abwarten, bis jemand kommt. Achtung: Meist ist der Hund schneller als der Gastgeber!

FEUERLAND

Kleine Inspiration

- **Museo Marítimo-Presidio besuchen,** das ehemalige Schwerverbrechergefängnis in Ushuaia › S. 143
- **Eine Fahrt unternehmen auf dem Beagle-Kanal** und auf dem Rückweg den malerischen Blick auf Ushuaia genießen › S. 144
- **Zum Nationalpark Feuerland fahren** mit dem Tren del Fin del Mundo, dem Zug am Ende der Welt › S. 145
- **Ein Stück Feuerland-Geschichte erleben** auf der Estancia Haberton › S. 145
- **Übernachten am wildromantischen Seeufer** des Lago Fagnano › S. 146
- **Schafe zählen** auf der Estancia María Behety › S. 146

Das »Ende der Welt« ist Ausgangpunkt für Touren in den Nationalpark Feuerland und Fahrten zum legendären Kap Hoorn. Die Inselhauptstadt Ushuaia ist die südlichste Stadt der Welt.

Die Provinz Feuerland besteht aus dem argentinischen Teil des Insel-Archipels Feuerland (47 000 km²), den sogenannten südatlantischen Inseln (37 830 km²) und der argentinischen Antarktis (1 230 000 km²). Auf der Insel leben 135 000 Menschen, davon 57 000 in Ushuaia. Im Norden wird Feuerland durch die Magellanstraße vom patagonischen

Der Leuchtturm im Beagle-Kanal

Festland getrennt und im Süden durch den Beagle-Kanal vom chilenischen Teil des Archipels. Feuerlands Berge, Ausläufer der Anden-Kordillere, sind nicht höher als 1500 m. Die letzten Gipfel der Kordillere, die südlich vom Festland am Meeresgrund weiterverläuft, sind die südatlantischen Inseln, die auf Kreuzfahrten zur Antarktis oft für Ausflüge zur Pinguin- und Walbeobachtung angesteuert werden.

Touren in Feuerland

Tour ⑮

Insel Feuerland

Ushuaia › Lago Fagnano › Río Grande › Ushuaia

Tour ⑯

Das »Ende der Welt«

Ushuaia › Parque Nacional Tierra del Fuego › Estancia Harberton › Ushuaia

Pioniere, die im 19. Jh. auf der Insel Feuerland siedelten, umzäunten ihr »erobertes« Land für die Schafe, die sie mitgebracht hatten, und bauten dort ihre Estancias. Die Besichtigung einer typischen Estancia gehört zur Reise »ans Ende der Welt« dazu. Die Hauptattraktion ist Ushuaia, die »südlichste Stadt der Welt«.Von Juli bis August fliegen Wintersportler in die Hafen- und Inselhauptstadt, um oberhalb des Beagle-Kanals Abfahrtski oder im Inselinnern Skilanglauf zu betreiben. Im südamerikanischen Sommer ist Ushuaia Ausgangsort für Ausflüge in den Nationalpark Tierra del Fuego und für Kreuzfahrten in die Antarktis oder Segeltörns um das berüchtigte Kap Hoorn.

Touren in der Region

 ## Insel Feuerland

Route: Ushuaia › Lago Fagnano › Río Grande › Ushuaia

Karte: Seite 141
Dauer: 3–4 Tage (424 km)
Praktische Hinweise:
- Von Buenos Aires, Trelew oder El Calafate nach Ushuaia fliegen und mit dem Mietwagen eine Inselrundfahrt unternehmen.
- Man kann Feuerland auch mit öffentlichen Bussen bereisen oder an geführten Tagestouren ab/bis Ushuaia teilnehmen.

Tour-Start:

In **Ushuaia** **1** › S. 143 beginnt die Reise mit einem Spaziergang entlang der Avenida San Martín, an deren Ende sich das Museo del Fin del Mundo befindet. Zu einem Stopp in Ushuaia gehört unbedingt auch eine Bootsfahrt auf dem Beagle-Kanal zur Isla de los Lobos (Seelöweninsel) und zum Leuchtturm wegen des malerischen Blicks auf die Stadt, der sich bei der Rückkehr bietet. Für die Inselhauptstadt sollten Sie mindestens eine Übernachtung einplanen.

Die Ruta 3 ist die Nord-Süd-Verbindung Argentiniens entlang der Atlantikküste. Sie endet auf Feuerland im Nationalpark Tierra del Fuego. Von Ushuaia aus nach Norden führt die Ruta 3 entlang des Río Olivia und des Berges Cerro Olivia (1470 m) ins Valle Tierra Mayor. In diesem Tal befinden sich die Langlaufskigebiete Feuerlands. Nördlich davon liegt der Lago Escondido. Über den Garibaldi-Pass verbindet die Ruta 3 diesen ehemaligen Gletschersee mit dem **Lago Fagnano** **4** › S. 146, auf den sich von der Passhöhe aus ein einmaliger Blick bietet. Die Ruta 3 führt über die zweitgrößte Stadt der Insel, **Río Grande** **5** › S. 146, bis zur Magellanstraße. Es lohnt sich, diese einsame und noch recht untouristische Gegend näher zu erkunden und am Lago Fagnano eine Übernachtung einzubauen.

Das »Ende der Welt«

Route: Ushuaia › Parque Nacional Tierra del Fuego › Estancia Harberton › Ushuaia

Karte: Seite 141

Dauer: 3 Tage (210 km)

Praktische Hinweise:

- Nach Ushuaia fliegen und vor Ort eine Tagestour in den Nationalpark Tierra del Fuego und zur Estancia Harberton unternehmen.

Tour-Start:

12 km westlich des Ausgangsortes **Ushuaia 1** › S. 143 befindet sich der Eingang zum **Parque Nacional Tierra del Fuego 2** › S. 145, dem südlichsten Nationalpark Argentiniens. An der Lapataia-Bucht endet die Ruta 3, die Nord-Süd-Verbindung Argentiniens. Die letzten 8 km zum Nationalpark kann man auch mit einer Schmalspurbahn zurücklegen. Für den Besuch des Nationalparks ohne die Fahrt mit dem südlichsten Zug der Welt reicht ein halber Tag. Mit Zugfahrt ist ein ganzer Tag für den Nationalpark mit zwei Übernachtungen in Ushuaia einzuplanen.

81 km östlich von Ushuaia liegt am Beagle-Kanal die **Estancia Harberton 3** › S. 145. Sie gehört bis heute den Nachfahren der Missionarsfamilie Bridges und ist die älteste Estancia der Insel Feuerland. In Ushuaia gibt es Agenturen, bei denen Tagesausflüge und Übernachtungen auf der Estancia gebucht werden können.

Unterwegs auf Feuerland

Ushuaia 1 ⭐ [E22]

Die Hafenstadt an der Bucht Bahía de Ushuaia am Beagle-Kanal wird von Kreuzfahrtschiffen angelaufen, die in die Antarktis fahren. **50 Dinge** ㉙ › S. 15. Bunte Häuser mit kunstvoll verzierten Fenstern und Dachbalken aus der Pionierzeit, aber auch neu hochgezogene Betonbauten und kleine, selbst gebaute Häuschen aus Holz und Glas prägen das Stadtbild.

Die **Avenida San Martín** ist die Hauptstraße Ushuaias, in der sich die meisten Geschäfte, Banken, die Post und die Büros der Fluggesellschaften befinden. Am Ende der Avenida liegt das **Museo Marítimo-Presidio** (San Martín, Ecke Yaganes). Das ehemalige Schwerverbrechergefängnis von Argentinien war das erste Steingebäude in Ushuaia. 1920 fertiggestellt, war es bis 1947 in Betrieb. Heute beherbergt es ein sehenswertes Museum über die Schifffahrt. In den Gefängniszellen sind interessante Aufzeichnungen der ehemaligen Insassen ausgestellt.

Im **Museo del Fin del Mundo** an der Ecke Rivadavia y Perito Moreno gibt es in fünf Räumen Infos zur Geschichte der Feuerland-Indianerstämme, Funde von Schiffsbrüchigen, Zeugnisse der Stadtgeschichte und Ausstellungsstücke über Goldsucher, die die Geschichte der Provinz mit geprägt haben.

Wer Ushuaia und die Bucht von oben sehen möchte, geht zu Fuß 4 km bergauf zur Liftstation des **Glaciar Luis Martial** und fährt 20 Min. mit dem Sessellift zum Aussichtspunkt unterhalb des Gletschers, von dem man einen herrlichen Blick auf den Beagle-Kanal hat. Am Hafen verkaufen Bootsbesitzer Tickets für Fahrten auf dem **Beagle-Kanal** zur **Isla de los Pájaros** (Vogelinsel) und **Isla de los Lobos** (Seelöweninsel) sowie zum **Leuchtturm,** der die Einfahrt zum Hafen markiert.

Info
Secretaría de Turismo
- Prefectura Naval 470 | Ushuaia
  Tel. (02901) 43 7666 / 43 2000
  www.turismoushuaia.com

Oficina Antártica del Instituto Fueguino de Turismo
Informationen speziell zur Antarktis.
- Lasserre y Prefectura Naval | Ushuaia
  Tel. (02901) 43 0015

Aktivitäten
- An der Av. San Martín gibt es zahlreiche **Veranstalter,** die Schifffahrten, Fahrten ins Inselinnere, zur Estancia Harberton und zum Nationalpark anbieten, ebenso Ausritte, Mountainbike- und Trekkingtouren im Nationalpark und auf Feuerland. Informationen dazu gibt es beim Tourismusamt.
- Segeltörns um Kap Hoorn bzw. Kreuzfahrten zur Antarktis bieten an (unbedingt im Voraus buchen!): **SIM Expeditions** (www.simexpeditions.com), **Cruceros Australis** (San Martín 409, Ushuaia, Tel. (011) 5983 9402 (Buenos Aires), www.australis.com).

Hotels
Los Yamanas €€€
4 km vom Zentrum, luxuriöses Hotel mit Restaurant; auch Exkursionen.
- Costa de los Yamanas 2850
  Ushuaia | Tel. (02901) 44 6809
  www.hotelyamanas.com.ar

Albatros €€
Zentral am Hafen gelegenes stilvolles Haus mit Restaurant.
- Av. Maipú 505 | Ushuaia
  Tel. (02901) 43 7300
  www.albatroshotel.com.ar

Foike €
Familiäres Hotel mit schönen Zimmern, 1,5 km vom Zentrum entfernt.
- Gob. Campos 1554 | Ushuaia
  Tel. (02901) 42 2475
  www.hosteriafoike.com.ar

Restaurants
Kaupé €€€
Mit tollem Blick auf den Beagle-Kanal schmecken *centolla* (Königskrebs) und Muschel-Ceviche.
- Roca 470 | Ushuaia
  Tel. (02901) 42 2704
  www.kaupe.com.ar
  So und im Mai geschl.

Volver €€
Frische Meeresfrüchte und Fischgerichte in historischem Ambiente.
- Av. Maipú 37 | Ushuaia
  Tel. (02901) 42 3977

Shopping

Shelknam- und Yámana-Wörterbücher sowie einfallsreiche Souvenirs gibt es bei **World's End** (Av. San Martín 505, www.worldendshop.com.ar). **50 Dinge** ㊶ › S. 17. Webarbeiten und Kunsthandwerk bei **Rincón del Sur** (Rivadavia 132, www.facebook.com/RinconDel SurUshuaia).

Parque Nacional Tierra del Fuego 2 ⭐ [D–E22]

Der Nationalpark Feuerland erstreckt sich über 63 000 ha von der Grenze zu Chile im Westen bis an den Río Pipo im Osten, im Süden an den Beagle-Kanal und im Norden bis über den Lago Fagnano. Die Vegetation besteht v. a. aus Notofagus-Baumarten, die bis auf 600 m Höhe wachsen. Rotfüchse, Biber und Hasen leben im Nationalpark. Bis zu 6,5 km lange, ebene Wanderwege sind am Nationalparkeingang beschrieben und gut ausgeschildert. Am Eingang befinden sich auch ein Restaurant und ein Andenkenladen.

1909 wurde die Zugstrecke des **Tren del Fin del Mundo** fertiggestellt. 8 km westlich von Ushuaia liegt der Bahnhof der Schmalspurbahn, die am Río Pipo entlangführt und einst gebaut wurde, um das Baumaterial für das Gefängnis aus den Bergen anzufahren. Heute fährt der Zug dreimal täglich zum Nationalpark-Eingang, um 9.30 und 12 (Mai bis Aug. 10 und 12.30) und um 15 Uhr (Tel. (02901) 431 600, www.trendel findelmundo.com.ar).

Der Hafen von Ushuaia

Info

Nationalparkverwaltung
• San Martín 1395 | Ushuaia
  Tel. (02901) 42 1315
  www.parquesnacionales.gob.ar

Estancia Harberton 3 ⭐ [E22]

Harberton liegt 81 km östlich von Ushuaia am Beagle-Kanal. Das Gelände, auf dem die älteste Estancia Feuerlands steht, hat der argentinische Staat einst dem anglikanischen Missionar Thomas Bridges (1842 bis 1898) als Dank für seine Verdienste vermacht.

Bridges kam im Jahr 1871 mit seiner Frau und Tochter nach Feuerland – er und seine Familie waren die ersten Weißen auf der Insel. In der Estancia Harberton lebten die Missionare zusammen mit Familien der Shelknam- und Yámana-Indianer, die dort Schutz fanden. Thomas Bridges studierte die Indianersprachen, schrieb für beide Stämme ein

Wörterbuch und hinterließ Informationen von unschätzbarem Wert über die mittlerweile ausgestorbenen Indianer.

Die Estancia ist immer noch in Familienbesitz und kann besichtigt werden. Ausgestellt sind Schriftstücke und Alltagsgegenstände der Familie Bridges sowie Fotos und Ausstellungsstücke der indianischen Bewohner der Estancia. Im Gästehaus kann man übernachten.

Hotel

Estancia Harberton €€
Das Gästehaus in der ehemaligen Schäferkate hat zwei einfache Doppel- und Dreibettzimmer mit Bad.
• Canal Beagle
  Kontakt über E-Mail:
  turismo@estanciaharberton.com
  www.estanciaharberton.com

Lago Fagnano ▣ [D–E22]

Der größte See der Insel Feuerland ist 100 km lang. Er wird aus der Magellanstraße über den Río Azopardo gespeist. Benannt wurde er nach dem Salesianer Pater Fagnano aus dem Piemont. Am See, im Herzen der Insel Feuerland, liegt das Dorf **Tolhuin** (in *shelknam* »Herz«) mit 1380 Einwohnern. Seine Bewohner leben von der Forstwirtschaft.

Hotel

Hostería Kaikén €€
Gemütliche Hostería am wildromantischen Seeufer, mit Restaurant und Bar. Exkursionen zum See.

• Ruta 3, km 2958 (3 km vor Tolhuin)
  Tel. (02964) 61 5102
  www.hosteriakaiken.com

Río Grande ▣ [E22]

Die 52 600 Einwohner Río Grandes leben von der Schafzucht und der Erdölförderung. Die Stadt selbst hat dem Besucher zwar wenig zu bieten, sehenswert ist aber die 10 km nördlich von Río Grande am Atlantik gelegene **Missionsstation Santo Domingo** mit Kirche, die im Jahr 1897 vom Salesianerorden errichtet wurde. Im Missionsgebäude ist ein Museum mit historischen Ausstellungsstücken untergebracht. Neben der Mission befindet sich ein Indianerfriedhof.

36 km entfernt liegt die **Estancia María Behety** (www.maribety.com), auf deren 63 000 ha Land 65 000 Schafe weiden. Sie besitzt außerdem die größte Schafschurmaschinerie Argentiniens.

Hotel

Posada de los Sauces €€
Familiäre Hostería mit Restaurant.
• El Cano 839 | Río Grande
  Tel. (02964) 432 895
  www.posadadelossauces.com

Restaurant

Leymi €€
Hier gibt es Grillspezialitäten und gute *empanadas*.
• 25 de Mayo 1335 | Río Grande
  Tel. (02964) 42 1683

Küstenstreifen der Península Valdés
im Norden Patagoniens

EXTRA-TOUREN

Vom Urwald bis ans Ende der Welt in zwei Wochen

Tour 17

Route: Iguazú-Wasserfälle › Buenos Aires › Halbinsel Valdés › Gletscher-Nationalpark › Feuerland › Buenos Aires

Karte: Klappe hinten

Distanzen: Iguazú-Wasserfälle/Puerto Iguazú › **Buenos Aires** 1287 km, Flug: 1 Std. 50 Min.; **Buenos Aires › Halbinsel Valdés/Trelew** 1358 km, Flug: 2 Std.; **Trelew › Gletscher-Nationalpark/El Calafate** ca. 1401 km, Flug: 1 Std. 50 Min.; El Calafate › **Ushuaia/Feuerland** ca. 940 km, Flug: 1 Std. 17 Min.; **Ushuaia › Buenos Aires** 3083 km, Flug: 3 Std.

Verkehrsmittel:

Da die Highlights in Argentinien jeweils über 1000 km voneinander entfernt liegen, sind sie durch Inlandsflüge verbunden. Wer länger Zeit hat, kann die Strecke ans »Ende der Welt« auch in Überlandbus-Etappen bereisen. Dafür ist dann entsprechend mehr Reisezeit zu veranschlagen. Zu den Ausgangsorten und Nationalparks vor Ort fahren Busse und Taxis.

Diese zweiwöchige Tour führt zu den landschaftlichen Extremen Argentiniens. Die ideale Reisezeit ist von November bis April. Die Reise beginnt im Norden in **Puerto Iguazú** › S. 102, dem Ausgangsort zu den **Iguazú-Wasserfällen** › S. 103. Für die Erkundung des Nationalparks braucht man einen Tag. Brückchen führen über die tosenden Wasserfälle und zum Teufelsrachen, Treppen winden sich an den Felswänden entlang der Wasserfälle, und man taucht hautnah ein in das feuchtwarme Urwaldflair von Misiones. Wer sich für glitzernde Amethysten und Bergkristalle interessiert, erkundet am zweiten Tag die **Mina Wanda** › S. 102. Im Süden der Provinz liegt das UNESCO-Weltkulturerbe der Jesuitenmissionsstätte **San Ignacio Miní** › S. 99. Vom Nationalpark auf brasilianischer Seite überblickt man die Wasserfälle in ihrer gesamten Dimension. Auch ein Fensterplatz auf dem Flug von Puerto Iguazú nach Buenos Aires lohnt sich für einen Blick auf die Wasserfälle.

Der Anflug auf **Buenos Aires** › S. 54 ist ebenso spektakulär, da der nationale Flughafen unweit des Stadtzentrums liegt. Von oben sieht man, wie sich die zehnspurige **Avenida 9 de Julio** › S. 62 wie eine Arterie durch die Stadt zieht. Zwei Tage sind für die Erkundung von Buenos Aires mit dem **Centro Histórico** › S. 59, den Tangovierteln **San Telmo** › S. 568 und **La Boca** › S. 67 sowie für den Besuch einer professionellen **Tangoshow** › S. 74 das Minimum.

Mit dem Flugzeug geht es nach **Trelew** › S. 124 und von dort mit dem Bus weiter nach **Puerto Madryn** › S. 125 oder **Puerto Pirámides** › S. 126, den Ausgangsorten für Tierbeobachtungen in Patagonien.

Eine Kormoran-Kolonie am Beagle-Kanal in Feuerland

Das **Naturreservat Halbinsel Valdés** › S. 125 ist UNESCO-Weltnaturerbe. Von Juni bis Dezember schwimmen Wale in der Bucht des Golfo Nuevo. Weiter südlich in **Punta Tombo** › S. 126 gibt es von Oktober bis März See-Elefanten, Seelöwen, patagonische Strauße, Guanakos und die größte Magellanpinguin-Kolonie der Welt zu sehen. Zwei Tage zur Tierbeobachtung sind ein Muss.

Auf dem Flug von Nord- nach Südpatagonien bietet sich bei guten Sichtverhältnissen vor der Landung in **El Calafate** › S. 135 ein stimmungsvoller Blick auf die Bergkette der Anden. Der Besuch des **Gletscher-Nationalparks Los Glaciares** › S. 136 (UNESCO-Weltnaturerbe), für den man zwei Tage einplanen sollte, ist ein Höhepunkt jeder Argentinienreise. Einen Tag füllt schon allein der Besuch des Gletschers Perito Moreno › S. 136 aus, in dessen Nähe man mit Blick auf den Gletscher im Nationalpark übernachten kann. Schroffe Berggipfel, tiefblaue Seen, auf denen Eisschollen treiben, und kilometerlange, ständig kalbende Gletscher, dazu die klare Luft der Anden, machen den Nationalpark zu einem mehr als faszinierenden Ziel (nicht nur) für Naturfreunde.

Der Flug führt anschließend zur »südlichsten Stadt der Welt« in die Hafen- und Inselhauptstadt **Ushuaia** › S. 143 auf Feuerland. Zwei Nächte am »Ende der Welt« mit Besuch des **Nationalparks Tierra del Fuego** › S. 145 und einer Schifffahrt auf dem **Beagle-Kanal** › S. 144 beschließen die Reise zu den Höhepunkten Argentiniens.

Argentinien intensiv in drei Wochen

Route: **Buenos Aires** › **Rosario** › **Esquina** › **Esteros del Iberá** › **Eldorado** › **Iguazú-Wasserfälle** › **Salta** › **Quebrada de Humahuaca** › **Valles Calchaquíes** › **Salta** › **Halbinsel Valdés** › **Gletscher-Nationalpark** › **Buenos Aires**

Karte: Klappe hinten

Distanzen: **Buenos Aires** › **Rosario** 308 km, Bus: ca. 3 1/2 Std.; **Rosario** › **Esquina** 497 km, Bus oder Taxi: ca. 5 Std.; **Esquina** › **Esteros del Iberá/Carlos Pellegrini** 392 km, Taxi: ca. 5 Std.; **Esteros del Iberá** › **Eldorado** 424 km, Taxi: ca. 8 Std.; **Eldorado** › **Iguazú-Wasserfälle/Puerto Iguazú** 119 km, Bus: ca. 1 Std.; **Puerto Iguazú** › **Salta** 1442 km, Nachtbus mit Umsteigen in Corrientes: ca. 26 Std. od. Flug über Buenos Aires: 3 Std. 50 Min.; **Salta** › **Quebrada de Humahuaca/Purmamarca** 188 km, Mietwagen: ca. 2 Std.; **Purmamarca** › **La Quiaca** 226 km, ca. 3 Std.; **La Quiaca** › **Salta** 406 km, ca. 5 Std.; **Salta** › **Cachí** 162 km, Mietwagen: ca. 4 Std.; **Cachí** › **Cafayate** 156 km, Mietwagen: ca. 3 Std.; **Cafayate** › **Salta** 205 km, Privattour/Mietwagen: ca. 2 Std.; **Salta** › **Buenos Aires** 1469 km; Flug: 2 Std.; **Buenos Aires** › **Halbinsel Valdés/Trelew** 1358 km, Flug: 2 Std.; **Trelew** › **Gletscher-Nationalpark/El Calafate** ca. 1401 km, Flug: 1 Std. 50 Min.; **El Calafate** › **Buenos Aires** 2787 km, Flug: 3 Std.

Verkehrsmittel: Bus-, Taxifahrten, Inlandsflüge und Mietwagen.

Diese Intensivtour beinhaltet am Anfang zwei längere Überlandstrecken: von Buenos Aires über die saftig grüne Pampalandschaft bis in den Norden zu den Iguazú-Wasserfällen und von Iguazú in die Anden bis Jujuy. Die ideale Zeit für diese Nord-Süd-Reisekombination ist von Okt. bis Nov.

Die Reise beginnt mit zwei Tagen in der Hauptstadt **Buenos Aires** › S. 54 mit ihren Tangocafés und Kolonialbauten. Für die Besichtigung der Altstadt von **Rosario** › S. 96 und einen Spaziergang am hier mit seinem Delta 60 km breiten Río Paraná lohnt sich mindestens eine Übernachtung. Von Rosario führt die Tour über **Esquina** › S. 97 zur 46 km entfernten **Estancia Buena Vista** › S. 139. Wer Argentinien intensiv erleben möchte, sollte mindestens zwei Nächte auf einer Estancia übernachten und Gauchos beim Eintreiben der Rinderherden begleiten, um zu erfahren, wie weit man von der Zivilisation entfernt sein und wie gut ein Asado schmecken kann. Nördlich von Esquina liegt das **Naturreservat Esteros del Iberá** › S. 97. Eine Tagesfahrt führt mit dem Boot in die Sümpfe, um Kaimane und Flussschweine aus der Nähe zu beobachten, wofür zwei Übernachtungen nötig sind. Über **Posadas** › S. 98, die Hauptstadt der Provinz Misiones, führt die Tour weiter zum UNESCO-Weltkulturerbe **San Ignacio Miní** › S. 99. Dafür ist eine Übernachtung in

Oberá › S. 100 oder **Eldorado** › S. 101 einzuplanen. Der Besuch des **Iguazú-Nationalparks** › S. 103 mit seinen Wasserfällen ist ein Highlight, für das man zwei Tage Zeit haben sollte.

Von **Puerto Iguazú** › S. 102 nach **Salta** › S. 86 fliegt Austral dreimal wöchentlich direkt. Günstiger, aber viel zeitaufwendiger ist die Busfahrt nach Salta. Mit einer Übernachtung und einem Stadtrundgang im Kolonialstädtchen Salta beginnt der Nordwestteil der Tour, die zunächst zur **Quebrada de Humahuaca** › S. 88 (UNESCO-Weltkulturerbe) führt. Ein Tag ist Minimum für die Erkundung der archäologischen Stätten, kolonialen Kirchen und Dörfer im Tal der sieben Farben. Zurück über Salta und weiter über die Passhöhe **Cuesta del Obispo** (3548 m) › S. 86 führt die Reise südwärts durch den **Nationalpark Los Cardones** › S. 86 mit seinen riesigen Kandelaberkakteen zum Andendorf **Cachí** › S. 85. In Cachí beginnen die **Valles Calchaquíes** › S. 84, die malerischen Täler des Río Calchaquí mit bizarren Felsformationen und einsamen Dörfern, für deren Erkundung man sich zwei Tage Zeit nehmen sollte.

Vor **Cafayate** › S. 82 münden die Calchaquí-Täler in eine weite Hochebene mit riesigen Weinanbauflächen. Durch die Canyonschlucht **Quebrada de Cafayate** › S. 83 führt die Tour zurück nach Salta. Von Salta aus geht die Reise mit zwei Flügen über Buenos Aires nach **Trelew** › S. 124 für eine dreitägige Tour mit Tierbeobachtungen auf der **Halbinsel Valdés** › S. 125 (UNESCO-Weltnaturerbe).

⚠ Erstklassig

Gratis entdecken

- Start und Ziel einer dreistündigen, kostenlosen **Bustour** in Buenos Aires auf den Spuren von Papst Francisco ist die Basilika **[H9]** (Av. Rivadavia 6950) im Stadtteil San José de Flores, in dem der Papst geboren wurde. Die Tour führt zu Einrichtungen und Plätzen, an denen Jorge Bergoglio vor seiner Ernennung zum Papst gewirkt hat (Sa, So/Fei 9 u.15 Uhr, Tel. (011) 4114 5791).
- Im einstigen Theater El Ateneo Grand Splendid in Buenos Aires befindet sich der erste **Bücherpalast** des Landes. In Leselogen kann man das Ambiente genießen oder ein Buch lesen. › S. 63
- Im Tanz-Palast Parakultural in Buenos Aires wird dreimal in der Woche abends in zwei Schichten ein offener **Tangokurs** angeboten. › S. 75
- Im sandigen Boden der Valles Calchaquíes wachsen Mollebäume, von denen man **roten Pfeffer** ernten kann. › S. 84
- In La Rioja findet die feierliche **Karfreitagsprozession** abends statt. Das Jesuskreuz liegt bis Ostermontag verhüllt in der Kathedrale. Die Kreuzigungsszene wird live vor der Kathedrale an der Plaza nachgestellt. › S. 113
- Ende Januar wird in Cosquín in der Provinz Córdoba das größte **Folklorefestival** Lateinamerikas gefeiert. › S. 112

Ein weiterer Höhepunkt ist der **Gletscher-Nationalpark Los Glaciares** › S. 136 (UNESCO-Weltnaturerbe), für dessen Erkundung zwei bis drei Tage einzuplanen sind. Diese Intensivtour endet mit dem Rückflug von **El Calafate** › S. 135 nach Buenos Aires.

Tour 19 Tangokurs und Weinbodegas in zwei Wochen

Route: Buenos Aires › Mendoza › Buenos Aires

Karte: Klappe hinten
Distanzen: Buenos Aires › Mendoza 1079 km, Flug: 1 Std. 50 Min. oder Bus: 14 Std.
Verkehrsmittel:
Es empfiehlt sich, die Strecke von Buenos Aires hin und zurück zu fliegen. Wer jedoch über etwas mehr Zeit verfügt, kann auf dem Hinweg den Bus nehmen und zurück fliegen.

Diese Kulturreise verbindet die Themen Tango und Wein, Tanz und Genuss. Die ideale Reisezeit ist von November bis März.

Die Reise beginnt in **Buenos Aires** › S. 54 mit dem Besuch einer professionellen **Tangoshow** › S. 74 als Einstimmung auf die Tangoszene. Täglich finden nachmittags und abends Tango-Tanzkurse in der **Confitería Ideal** › S. 75 und im **Centro Cultural Borges** › S. 75 statt. Vormittags bleibt Zeit, um das **Centro Histórico** › S. 59 und das alte Hafenviertel **La Boca** › S. 67 am Río de la Plata kennenzulernen.

Der zweite Teil der Reise ist dem Wein und dem Thermalbaden in und um die Stadt **Mendoza** › S. 115 verschrieben. Um Mendoza liegen namhafte **Weingüter** › S. 116, die argentinische Spitzenweine produzieren. Die **Bodega Vistalba** › S. 117 beispielsweise bietet Übernachtungen und Gourmet-Abendessen zwischen Weinreben an. Dies und Besuche im Spa-Bereich der **Termas de Cacheuta** › S. 117 am Fuße der Anden machen die Tour zu einem erholsamen Erlebnis.

Im Hafenviertel La Boca in Buenos Aires

Infos von A–Z

Ärztliche Versorgung

Die Botschaften und lokale Ärzte vermitteln deutschsprachige Ärzte Apotheken *(farmacias)* haben oft bis 22 Uhr geöffnet und bieten eine gute Beratung. Viele Medikamente sind rezeptfrei.

Die beste deutschsprachige Anlaufstelle ist das Hospital Alemán, Av. Pueyrredón 1640, 1118 Buenos Aires, Tel. (011) 4827 7000, www.hospitalale man.org.ar. Die Untersuchung und Behandlung muss vor Ort in bar und/oder per Kreditkarte beglichen werden. Die Arzt- bzw. Krankenhausbelege können bei der Auslandsreisekrankenversicherung zur Erstattung eingereicht werden.

Barrierefreies Reisen

Einen guten Überblick zu behindertengerechtem Reisen im Land erhält man unter www.viasaccesibles.com.ar.

Diplomatische Vertretungen

- **Deutsche Botschaft**
  Villanueva 1055, 1426 Buenos Aires, Tel. (011) 4778 2500,
  www.buenos-aires.diplo.de
  Mo–Fr 8.30–11, Mo–Do 14–15 Uhr
- **Österreichische Botschaft**
  French 3671, 1425 Buenos Aires, Tel. (011) 4809 5800, www.bmeia. gv.at/botschaft/buenos-aires.html
  Mo–Do 9–12 Uhr
- **Schweizer Botschaft**
  Av. Santa Fé 846, 1059 Buenos Aires, Tel. (011) 4311 6491, www.eda.ad min.ch/buenosaires, Mo–Fr 9–12 Uhr

Einreise

Deutsche, Österreicher und Schweizer benötigen einen **Reisepass**, der mind. 6 Monate nach Rückflug noch gültig ist. Die **Touristenkarte**, die man bei der Anreise im Flugzeug erhält, muss bei der Ausreise wieder vorgelegt werden! Das Touristvisum hat eine Gültigkeit von maximal 90 Tagen.

Fotografieren

Es ist verboten, polizeiliche und militärische Einrichtungen oder Verkehrskontrollstellen zu fotografieren. Respektieren Sie die gelegentliche Abneigung der Einheimischen im Norden gegen das Fotografiertwerden.

Geld

Gültige **Währungseinheit** ist der Argentinische Peso ($), der in 100 Centavos unterteilt ist. Häufig werden auch US$-Noten zum Kurs von 1:20 (offizieller Kursstand im Febr. 2018) angenommen. Die Dollarnoten müssen neu und dürfen nicht bestempelt, beschriftet oder eingerissen sein. **Reiseschecks** können nicht eingelöst werden. Mastercard- und Visa-**Kreditkarten** werden akzeptiert. Bargeld kann mit der Maestro-Karte an **Auszahlungsautomaten** *(cajero automático)* gezogen werden. Welche Gebühren anfallen, erfahren Sie bei Ihrer Bank. Gratis abheben können Sie z. B. mit der SparCard der Postbank und der Visa-Kreditkarte der DKB.

Seit Ende 2015 sind **Dollar** und **Euro** wieder erlaubt, der inoffizielle *dolar blue* existiert nicht mehr. Der Umtausch bei Banken/Wechselstuben ist oft mit Wartezeiten verbunden und nur unter Vorlage des Reisepasses inkl. Einreisestempel möglich. Es ist ratsam, immer genügend US$-**Bargeld** in kleiner Stückelung mitzunehmen. Pro Person dürfen max. US$ 10 000 eingeführt werden.

Gesundheit

Eine **Auslandskrankenversicherung** (mit Rücktransport) ist unbedingt erforderlich. Für die Einreise sind keine **Impfungen** vorgeschrieben, empfehlenswert ist aber eine Impfung gegen Hepatitis A und Tetanus. **Leitungswasser** sollte in Städten nicht getrunken werden. **Speisen** immer gegart, v. a. Fisch, Fleisch und Meeresfrüchte, Salate nur in guten Restaurants, Muscheln nie roh essen! Die Intensität der **Sonne** ist nicht zu unterschätzen. Sonnenschutz und Mückenschutzmittel mitnehmen. Bei Touren in die Anden auf eine gute **Akklimatisierung** achten.

Kleidung

Bequeme, sportliche Kleidung ist für Rundreisen ideal. Für bessere Restaurants kleidet man sich eher elegant. Unverzichtbar sind Pullover, Windjacke, feste Schuhe für steinige oder schlüpfrige Wege, eine Kopfbedeckung sowie ein Halstuch.

Netzspannung

220 Volt; amerikanische Flachstecker; für dickere Stecker braucht man einen Adapter.

Öffnungszeiten

- **Ämter:** vormittags (bis 14 Uhr)
- **Banken und Wechselstuben:** meist Mo–Fr 10–15 Uhr
- **Geschäfte:** kleinere Läden 8–13, 16–20/21 Uhr, größere 9–19 Uhr.

Post

Briefe und Karten dauern als Luftpost *(por aéreo)* 10–20 Tage nach Europa.

Sicherheit

Argentinien zählt zu den sichersten Ländern Südamerikas, in Großstädten sollte man aber die übliche Vorsicht walten lassen. In ärmeren Vierteln ist die Kriminalität hoch. Unbelebte Straßen, Parks und den Stadtteil La Boca in Buenos Aires gegen Abend meiden.

Telefonieren & Internet

Bei Anrufen aus dem Ausland auf argentinische **Mobiltelefone** entfällt die Mobilvorwahl 15, dafür muss man zwischen der Landesvorwahl und dem Regionalcode eine 9 wählen, z. B. 0054-9-11 plus Teilnehmernummer.

In den *locutorios* genannten **Telefonläden** kann man in der Kabine nach genauer Abrechnung am sichersten telefonieren (nur arg. $). Mit dem eigenen Mobiltelefon telefoniert man am günstigsten mit einer Prepaid-Karte mit argentinischer Nummer. Sie ist an jedem Kiosk erhältlich. Roaming ist dagegen sehr teuer. **Internetcafés** heißen *cybercafé* und sind auch in kleinen Ortschaften zu finden. Praktisch jede Unterkunft und sehr viele Cafébars bieten (fast immer) kostenlosen Internetzugang.

Trinkgeld

8–10 % sind angemessen; Gepäckträger und Hotelpersonal bekommen umgerechnet 1 US$, Taxifahrer i. d. R. nichts.

Zoll

Persönliche Gegenstände sind zollfrei. Bei der Ein- und Ausreise über Chile ist die Einfuhr von Lebensmitteln sowie Pflanzen verboten. Bei der Rückreise ist die Einfuhr von 200 Zigaretten und 1 l hochprozentigem Alkohol oder 2 l Wein erlaubt.

Urlaubskasse	
Tasse Kaffee *(café con leche)*	2–2,50 €
Softdrink	1,50–2 €
Glas Bier vom Fass	1,50–2 €
Empanada	1–1,50 €
Steak *(bife de chorizo)*	7–9 €
Taxifahrt (10 km)	5 €
Mietwagen/Tag	ab 60 €

Register

Bildnachweis

Coverfoto: Fitz Roy, Los Glaciares Park © Getty Images/Corbis Documentary
Fotos Umschlagrückseite: Fotolia/sunsinger (links); Fotolia/Luiz (Mitte); laif/Miguel Gonzalez (rechts)

Alamy/MAF: 33; Alvear Palace Hotel: 31; Fotolia/ChameleonEyes: U2- 1; Fotolia/jantima: 23; Fotolia/rm: 89; Fotolia/Carsten Steps: U2-4; Fotolia/sunsinger: 6; Fotolia/tomalu: 20; Fotolia/vladimirenezic: 44; Huber Images/F. Damm: 13; laif/Gonzalez: 27, 104, 111, U2-3; laif/Heeb: 50, 77, 84; laif/hemis.fr/Christian Guy: 73; laif/Jacana/Gilles Martin: 32; laif/VU/Castro Prieto: 152; laif/Zanettini: U2-2; LOOK-foto/Peter Adams: 102; LOOK-foto/age fotostock: 46, 52, 58, 61, 70, 140; LOOK-foto/Design Pics: 83; LOOK-foto/Elan Fleisher: 62; Shutterstock/Matt Amery: 127; Shutterstock/Marcel Bakker: 76; Shutterstock/Angelo D'Amico: 86; Shutterstock/Julian de Dios: 68; Shutterstock/Edaccor: 129; Shutterstock/elbud: 74; Shutterstock/Diego Grandi: 17, 149; Shutterstock/Guaxinim: 30, 132; Shutterstock/Paglo Hidalgo – Fotos 593: 48; Shutterstock/HL Photo: 14; Shutterstock/iladm: 147; Shutterstock/Jan Jerman: 100; Shutterstock/Lux Blue: 67; Shutterstock/milosk50: 54; Shutterstock/Perception of Reality: 29; Shutterstock/Dmitry Pichugin: 137; Shutterstock/Matyas Rehak: 92; Shutterstock/saiko3p: 130; Shutterstock/Sergio Schnitzler: 91; Shutterstock/Przemyslaw Skibinski: 41; Shutterstock/Sol.Zeta: 115; Shutterstock/sunsinger: 119, 138; Shutterstock/Anibal Trejo: 96; Shutterstock/Hannes Vos: 8 u; Shutterstock/gary yim: 34; Ute Wendel: 8 o, 9 o, 9 u, 10, 16, 42, 98, 145; Wikipedia/Kornoise: 114.

Liebe Leserin, lieber Leser,
wir freuen uns, dass Sie sich für diesen POLYGLOTT on tour entschieden haben.
Unsere Autorinnen und Autoren sind für Sie unterwegs und recherchieren sehr gründlich,
damit Sie mit aktuellen und zuverlässigen Informationen auf Reisen gehen können.
Dennoch lassen sich Fehler nie ganz ausschließen. Wir bitten Sie um Verständnis, dass der
Verlag dafür keine Haftung übernehmen kann.

Ihre Meinung ist uns wichtig. Bitte schreiben Sie uns:
GRÄFE UND UNZER VERLAG
Postfach 86 03 66, 81630 München, Tel. 0 89 / 419 819 41
www.polyglott.de

LESERSERVICE
polyglott@graefe-und-unzer.de
Tel. 0 800 / 72 37 33 33 (gebührenfrei in D, A, CH), Mo–Do 9–17 Uhr, Fr 9–16 Uhr

1. aktualisierte Auflage 2018

© 2018 GRÄFE UND UNZER VERLAG GmbH, München
Dieses Buch wurde auf chlorfrei gebleichtem Papier gedruckt.
ISBN 978-3-8464-0326-6

Bei Interesse an maßgeschneiderten B2B-Editionen:
gabriella.hoffmann@graefe-und-unzer.de

Bei Interesse an Anzeigen:
KV Kommunalverlag GmbH & Co KG
Tel. 089/928 09 60
info@kommunal-verlag.de

Redaktionsleitung: Grit Müller
Verlagsredaktion: Anne-Katrin Scheiter
Autoren: Wolfgang Rössig, Ute Wendel
Redaktion: Karen Dengler, Werkstatt München
Bildredaktion: Barbara Schmid und Tobias Schärtl
Mini-Dolmetscher: Langenscheidt
Layoutkonzept/Titeldesign:
fpm factor product münchen
Karten und Pläne: Theiss Heidolph und Kunth Verlag GmbH & Co. KG
Satz: Tim Schulz, Mainz
Herstellung: Anna Bäumner
Druck und Bindung:
Printer Trento, Italien

PEFC/18-31-506

GRÄFE UND UNZER

Ein Unternehmen der
GANSKE VERLAGSGRUPPE

Mini-Dolmetscher Spanisch

Allgemeines

Guten Tag.	Buenos días. [buenos dias]
Hallo!	¡Hola! [ola]
Wie geht's?	¿Qué tal? [ke tal]
Danke, gut	Bien, gracias [bjen grasjas]
Ich heiße	Me llamo ... [me ljamo]
Auf Wiedersehen.	Adiós [adjos]
Morgen	mañana [manjana]
Nachmittag	tarde [tarde]
Abend	tarde [tarde]
Nacht	noche [notsche]
morgen	mañana [manjana]
heute	hoy [oi]
gestern	ayer [ajer]
Sprechen Sie Deutsch / Englisch?	¿Habla usted alemán / inglés? [abla usted aleman / ingles]
Wie bitte?	¿Cómo? [komo]
Ich verstehe nicht.	No he entendido. [no e entendido]
Wiederholen Sie bitte.	Por favor, repítalo. [por fawor repitalo]
..., bitte.	..., por favor. [por fawor]
Danke	Gracias [grasjas]
Keine Ursache.	De nada. [de nada]
was / wer / welcher	qué / quién / cuál [ke / kjen / kual]
wo / wohin	dónde / adónde [donde / adonde]
wie / wie viel / wann / wie lange	cómo / cuánto / cuándo / cuánto tiempo [komo / kuanto / kuando / kuanto tjempo]
Warum?	¿Por qué? [por ke]
Wie heißt das?	¿Cómo se llama esto? [komo se ljama esto]
Wo ist ...?	¿Dónde está ...? [donde esta ...]
Können Sie mir helfen?	¿Podría usted ayudarme? [podria usted ajudarme]
ja	sí [si]
nein	no [no]
Entschuldigen Sie.	Perdón. [perdon]
Das macht nichts.	No pasa nada. [no pasa nada]

Shopping

Wo gibt es ...?	¿Dónde hay ...? [donde ai]
Wie viel kostet das?	¿Cuánto cuesta? [kuanto kuesta]
Ich nehme es.	Me lo llevo. [me lo ljevo]
Wo ist eine Bank?	¿Dónde hay un banco? [donde ai um banko]
Ich suche einen Geldautomaten.	Busco un cajero automático. [busko un kachero automatiko]
Geben Sie mir bitte zwei Kilo Pfirsiche.	Por favor, déme dos kilos de duraznos. [por fawor deme dos kilos de durasnos]
Haben Sie deutsche Zeitungen?	¿Tienen periódicos alemanes? [tjenen perjodikos alemanes]
Wo kann ich telefonieren / eine Telefonkarte kaufen?	¿Dónde puedo llamar por teléfono / comprar una tarjeta telefónica? [donde puedo ljamar por telefono / komprar una tarcheta telefonika]

Essen und Trinken

Die Speisekarte, bitte.	La carta, por favor. [la karta, por fawor]
Brot	pan [pan]
Kaffee	café [kafe]
Tee	té [te]
mit Milch / Zucker	con leche / azúcar [kon letsche / asukar]
Orangensaft	jugo de naranja [chugo de narancha]
Mehr Kaffee, bitte	Más café, por favor. [mas kafe por fawor]
Suppe	sopa [sopa]
Fisch / Meeresfrüchte	pescado / mariscos [peskado / mariskos]
Fleisch / Geflügel	carne / aves [karne / awes]
Reis	arroz [aros]
vegetarische Gerichte	comida vegetariana [komida vechetarjana]
Eier	huevos [uewos]
Salat	ensalada [ensalada]
Dessert	postre [postre]
Obst	fruta [fruta]
Eis	helado [elado]
Wein	vino [bino]
weiß / rot / rosé	blanco / tinto / rosado [blanko / tinto / rosado]
Bier	cerveza [serwesa]
Aperitif	aperitivo [aperitiwo]
Wasser	agua [agua]
Mineralwasser	agua mineral [agua mineral]
mit / ohne Kohlensäure	con / sin gas [kon / sin gas]
Limonade	refresco [refresco]
Ich möchte bezahlen.	La cuenta, por favor. [la kuenta por fawor]

Meine Entdeckungen

....

....

....

....

....

....

....

....

....

....

....

....

....

....

....

....

....

Clevere Kombination mit POLYGLOTT **Stickern**

Einfach Ihre eigenen Entdeckungen mit Stickern von 1–16 in der Karte markieren und hier eintragen. Teilen Sie Ihre Entdeckungen auf facebook.com/Polyglottreisewelt.

Checkliste Argentinien

Nur da gewesen oder schon entdeckt?

☐ **Tangocafé Tortoni**
Diesen Genuss darf man sich nicht entgehen lassen: Im Kultcafé an der Avenida de Mayo in Buenos Aires zu Tangoklängen einen *gancia con soda* trinken. › **S. 14**

☐ **Magellanpinguine**
Am Ufer des Atlantiks stolzieren die kleinsten Pinguine der Welt auf Kniehöhe vorbei an den Besuchern. › **S. 15**

☐ **Argentinischer Asado**
Mindestens einmal sollte man in den Genuss einer *parrillada* kommen, der einzigartigen Grillspezialität des Landes. › **S. 13**

☐ **Salzwüste Salinas Grandes**
Im Hochgebirge der Anden im weißen Salzmeer ist die Luft dünn, die Farben sind außergewöhnlich kontrastreich und intensiv. › **S. 14**

☐ **Gemeinschaftserlebnis**
Mate-Trinken gehört zu Argentinien wie die Teekultur zu England. Am besten schmeckt der Mate-Tee beim gemeinsamen Ritual. › **S. 12**

☐ **Luxusträume**
Im prächtigen Hotel Savoy in Rosario träumen Sie zwischen französischem Kolonialbaustil und modernem Design.
› **S. 31**

☐ **Hippie-Markt**
Die Magie der patagonischen Kleinstadt El Bolsón hat auch einen der schönsten Märkte des Landes hervorgebracht. › **S. 49**

Mitbringsel für daheim

Ledergürtel: Wunderschön sind die mit Gaucho-Mustern bestickten Ledergürtel › **S. 16**

Eine Flasche Malbec: Fluggerecht verpackt bieten Weingüter ihre Flaschen an › **S. 51**